VUES

SUR

LES MOYENS D'EXÉCUTION

Dont les Repréfentans de la France pourront difpofer en 1789.

SECONDE ÉDITION.

« On peut, on doit même élever ses desirs à la hauteur de ses droits ; mais il faut mesurer ses projets sur ses moyens ».

1789.

AVIS PRÉLIMINAIRE.

CET Essai a été composé dans les derniers jours d'un ministère qui avoit excité sans mesure le mépris et la haine publique. Qu'on ne s'étonne donc pas si des vérités qui, dans tout autre temps, auroient pu être écrites d'un style calme, sont ici mêlées d'un peu de bile. M. Necker, en reprenant l'administration des finances, a changé pour nous, sinon le sens qu'il faudra toujours attacher au mot *Ministère*, du moins les idées que celui de *Ministre* portoit à l'esprit. De ce moment, j'ai été fâché, je l'avoue, que ce nom fût prononcé ici avec un ton d'humeur ou d'âcreté qui n'étoit plus de saison. Mais, à cela près, le sujet qui fait le fond de cet Ouvrage étant encore tout neuf, quoique de l'été dernier, je me détermine à ne le point supprimer.

On n'y trouvera rien de relatif aux fâcheuses discussions qui se sont élevées depuis entre les Ordres. La question est toute entière entre la Nation, d'une part, et le pouvoir illimité, de l'autre.

Je prie, de nouveau, qu'on veuille bien ne pas oublier de quels Ministres il s'agit dans le Mémoire qu'on va lire. Il en coûteroit trop à mon amour-propre, si l'on venoit à perdre de vue cet avertissement : mon langage paroîtroit celui d'un insensé, et avec raison ; quel autre, en effet, qu'un insensé, si ce n'est encore l'homme qui se laisse égarer par la haine, peut confondre dans son opinion, avec les ex-Ministres éloignés, l'Administrateur révéré des Peuples, qui seul, soutient aujourd'hui les finances et la confiance publique ! Je ne connois pas personnellement cet homme justement célèbre, mais j'aime à rendre à ses vertus et à ses talens un hommage d'autant plus pur, qu'étranger à tout esprit de parti, je le suis également à tout enthousiasme. Je l'honore, je le respecte, sans aller, envers lui, jusqu'au culte. Si j'estime infiniment ses sentimens en morale, j'avoue que je ne puis aimer tous ses principes en politique. Sur la scène du monde et des affaires, il ne se montre, sans doute, personne que l'on puisse desirer dans le poste qu'il occupe ; mais, pour dire ma pensée en un seul mot, je vois avec douleur qu'il n'est pas de force à nous donner une constitution (1). Espérons que les Représentans nationaux n'auront besoin que d'eux-mêmes pour constituer la France. C'est leur droit; c'est leur devoir : ce sera donc leur occupation ; ce sera leur ouvrage.

Le Peuple a besoin de croire que M. Necker est pour lui. C'est un assez bel éloge. Malheur à quiconque tenteroit de troubler une confiance si glorieuse pour

____

(1) Voyez le *Réglement* qui accompagne les Lettres de convocation, etc. etc.

celui qui l'inspire, si consolante, si nécessaire, peut-être, à celui qui la donne.
Mais, quand on songe que chez ce même
Peuple, l'amour et le blâme sont toujours
sans mesure ; si l'on voit en même temps
une suite innombrable d'écrits et d'adresses,
porter à M. Necker, de toutes les parties
du Royaume, non des remercîmens, mais
de véritables hymnes, comment ne pas
craindre les suites immesurées d'un sentiment exagéré ? Et comment, avec de
bonnes intentions, ne desirerions-nous pas
de prémunir nos Concitoyens contre les
dangereux effets de cet entousiasme ? De
sa nature, l'entousiasme est aveugle ; de
plus, il s'allie fort bien avec la paresse,
quoique tout semble mouvement en lui :
car l'admiration étouffe l'activité. Lorsque
la Nation est appelée, par la force des
circonstances, à régler elle-même son sort
futur, si les Députés changent la reconnoissance publique en adoration ; s'ils

viennent se prosterner , et la Nation avec eux , devant un homme qui , après tout , est un Ministre ; s'ils oublient que leur mission n'est pas de tout attendre d'un homme , mais de tout voir et de tout décider par eux-mêmes ; s'ils s'endorment dans une apathique confiance , parce qu'un homme , un Ministre veille pour eux , que pouvons-nous espérer d'une conduite si irréfléchie , si déplorable ? Qu'est-il besoin d'assembler l'élite de la France , s'il n'est pas possible d'y trouver plus de lumières , plus de patriotisme , que dans un homme , un Ministre, quel qu'il soit ? Il importe sans doute aux Etats-Généraux de profiter de l'expérience et des talens de celui sur qui tous les regards se fixent , parce qu'il est capable de soutenir de grandes espérances , de celui qui tient un rang distingué et mérité parmi les amis de la Patrie ; mais , encore une fois , quelque réel , quelque grand que soit cet avantage , doit-il affranchir les Représen-

tans nationaux du soin d'agir par eux-
mêmes ? Doivent-ils s'en rapporter à autrui,
sur tout ce qui intéresse les vingt-six millions
d'hommes dont ils ont la confiance et la
procuration ? Ne soyons point ingrats,
mais souvenons-nous que la reconnoissance a fait plus de mal aux Peuples, que
le mécontentement.

E R R A T A.

Page 23, ligne 24, *convient*, lisez : *elle convient.*
Page 32, les deux dernières lignes de la note, *à n'être
presque tout au plus qu'une espèce*, lisez : *à n'être
guères qu'une espèce.*
Page 36, lignes 13 et 14, *le dépôt fidèle & sûr*, lisez :
le seul dépôt inviolable.
Page 39, ligne 6, *ensuite*, lisez : *et là.*
Id. ligne 17, *que ferions-nous*, lisez : *que serions-nous.*
Id. ligne 21, *nous voudrions nous le cacher, mais la
plus*, lisez : *nous voudrions en vain nous le cacher,
la plus.*
Page 97, avant dernière ligne, *on ne les a*, lisez : *la
nature ne les a.*
Page 98, ligne 1, *du temps pensé*, lisez : *du temps
passé.*
Page 117, ligne 21, *et c'est pour eux*, lisez : *c'est
pour eux.*

VUES

VUES

SUR

LES MOYENS D'EXÉCUTION

Dont les Représentans de la France pourront disposer en 1789.

> *On peut, on doit même élever ses desirs à la hauteur de ses droits ; mais il faut mesurer ses projets sur ses moyens.*

ASSEZ d'autres croiront devoir demander aux siècles barbares des loix pour les Nations civilisées. Nous ne nous égarerons pas dans la recherche incertaine des institutions et des erreurs antiques. La raison est de tous les temps ; elle est faite pour l'homme ; et c'est sur-tout quand elle lui parle de ses intérêts les plus chers, qu'il doit l'écouter avec respect et confiance.

Lorsqu'il s'agit de pourvoir aux besoins de la vie, va-t-on, dédaignant les productions récentes d'un art perfectionné, demander des modèles à Otahiti, ou chez les anciens Germains ?

Commandez une pendule à un horloger,

A

et voyez s'il s'amusera à extraire de l'histoire, vraie ou fausse, de l'horlogerie, les différens moyens dont l'industrie naissante a pu s'aviser pour mesurer le temps. Il pense avec raison que les longs tâtonnemens de l'esprit humain dans les siècles d'ignorance, sont moins propres à le diriger dans son art, que ne l'est cette partie de la mécanique où sont déposées les loix et les pensées du génie moderne.

La mécanique sociale n'a pas moins été enrichie, de nos jours, par les veilles législatrices du génie ; pourquoi refuserions-nous de la consulter sur les vrais moyens de pourvoir aux grands besoins des sociétés politiques ?

Toujours ardens à profiter pour la jouissance, des moindres progrés que nous voyons faire aux arts de commerce et de luxe, rentrerons-nous toujours dans une indifférence honteuse, dès qu'il s'agit des progrès de l'*art social,* de ce premier des arts, dont les combinaisons savantes recèlent le bonheur du genre-humain ?

Il ne faut désespérer de rien. Le cours des événemens, plus riche en sagesse que l'intérêt de l'humanité, vient de nous plater dans une circonstance propre à frapper les esprits , et à réveiller notre énergie. Sans doute un mouvement vers la liberté deviendra aussi un mouvement vers la raison , et nous écouterons enfin cette vraie bienfaitrice des hommes , de laquelle sont émanées toutes les connoissances et toutes les institutions qui ont servi à améliorer peu-à-peu le sort de l'espèce humaine.

Une partie du Public commence à saisir, non sans quelque honte, les caractères qui distinguent essentiellement une Nation organisée en corps politique , d'un immense troupeau d'hommes répandu sur une surface de vingt-cinq mille lieues quarrées.

Déjà l'on prétend avec force , dans différentes parties du Royaume , qu'il est bien temps de cesser d'être les lâches victimes d'un désordre invétéré. On en appelle aux principes fondamentaux de l'ordre social, et l'on sent très-bien que de toutes ses loix, la première, la plus importante pour les Peuples , est celle d'une bonne constitution. C'est qu'il n'y a qu'une bonne constitution qui puisse rendre aux citoyens, et leur garantir la jouissance de leurs droits naturels et sociaux, attacher la stabilité à tout ce qui se fera de bien, et opérer l'extinction successive de tout ce qui a été fait de mal.

Déjà les Citoyens patriotes et éclairés qui, depuis si long-temps, considéroient avec tristesse et indignation tous ces millions d'hommes entassés sans ordre et sans dessein, se permettent quelque espoir. Ils croient au pouvoir des circonstances ; ils voient enfin le moment arrivé pour nous, de devenir une *Nation*.

Les Etats - Généraux sont appelés ; ils se tiendront indubitablement, puisqu'ils sont devenus nécessaires à ceux-là même qui croient avoir le plus à les redouter. Et c'est le cas de le dire, de le publier de toutes ses forces, pour ne pas laisser égarer notre reconnoissance : la convocation de l'Assemblée Nationale ne sera le fruit d'aucune bonne intention de la part du Ministère. Nous ne la devrons qu'à l'excès du mal. L'excès du mal aura tout fait.

Le tableau de ce qui vient de se passer à cet égard, est dû à nos neveux. Il faut leur apprendre que la grande machine politique , établie pour protéger , mais que des Administrateurs non comptables tournent toujours contre sa destination , ruinoit la fortune , écrasoit la personne des Citoyens ; que ce jeu cruel étoit devenu le train ordinaire des choses ; et nous le souffrions !...... Et il se seroit maintenu long-temps encore , si les Ministres n'en eussent eux-mêmes , dans des jours de délire , dérangé ou brisé les ressorts.

Alors , effrayés de leur ouvrage , tremblans sur les suites , ils ont essayé , mais inutilement , de les prévenir , et il a bien fallu se déterminer à faire connoître leur embarras et leur faute. Mais , qui le croiroit ? fidèles à l'orgueil de leur place , et avec toute l'insolence d'une longue impunité , les Ministres ont osé implorer du secours, de ce ton confiant et généreux dont on proclame un bienfait.

Cependant le déplorable état de la chose publique a été manifesté. Toutes les ressources ont paru insuffisantes. Les Notables et les Parlemens n'ont pas pu se dispenser de rappeler au Gouvernement le conseil, devenu presque coupable , de recourir au véritable moteur de toute administration.

Le mot d'*Etats - Généraux* s'est donc enfin placé sur les lèvres du Visir François, sans que la haine de la chose ait pu quitter son cœur. Il a dans le fond de l'ame beaucoup espéré de son hypocrisie et du temps. Mais son hypocrisie a été pénétrée, et le temps n'a fait que l'entraîner plus impérieusement vers les redoutables Etats-Généraux. Il les voit devant lui, et il se trouble; il oublie la nécessité qui commande ; et sensible uniquement à son propre danger, il épuise, pour l'éloigner, toutes les mesures , toutes les manœuvres. Il hasarde des attentats comme on essaye des expédiens.

Enfin, le fait est certain, les Ministres ont poussé leur criminelle audace jusqu'à peser froidement , et calculer dans leurs suites, l'affreux projet d'une banqueroute, le projet plus infernal encore d'une guerre civile ; et si ces exécrables moyens ont fini par être rejetés , gardez-vous d'en faire honneur au remords : c'est que , tout examiné, on les a jugés insuffisans.

C'est ainsi que les amis et les ennemis de la Nation doivent enfin se rencontrer au même point par des routes différentes.

Celle de l'intérêt national y conduit les bons Citoyens ; celle des abus et des excès y entraîne le Gouvernement. Jamais l'Assemblée Nationale ne pouvoit être un dessein franc et honnête de sa part ; elle est seulement devenue le terme inévitable de ses déprédations.

Eh ! comment ne se pas livrer à une profonde indignation, en songeant que les Etats-Généraux seroient encore dans l'ordre des chimères, si les crimes des Ministres n'avoient été plus actifs, plus puissans dans leurs effets, que le vœu juste, nécessaire, et cependant sans force, de vingt - six millions d'hommes ?

On ne pourra donc éviter de la tenir, cette Assemblée Nationale que tant de vœux ont appelée, que tant d'espérances accompagneront, et dont les fruits seront d'autant plus précieux, que l'on saura allier à la force des circonstances, une conduite éclairée, courageuse, et mesurée tout-à-la-fois.

Beaucoup de bons Patriotes s'empresseront de lui dénoncer les vices à réformer, de lui indiquer le bien à faire, de lui proposer des systêmes de législation remplis de vues utiles. Pour nous, persuadés qu'à l'expérience des maux, la plupart des Députés joindront la science des vrais remèdes, et le desir réel de la guérison, nous supposons que, non-seulement ils voudront faire le bien, mais encore qu'ils sauront en quoi il consiste.

Cependant, quelque beau, quelque complet que l'on suppose le plan de ce qu'on desire d'établir pour l'intérêt des Peuples, ce n'est encore-là que l'ouvrage du Philosophe ; ce n'est qu'un projet. Le coup-d'œil de l'Administrateur cherche les moyens d'exécution. Il se rend compte d'avance, de la possibilité de réaliser les bonnes vues du Philosophe, et ce sont deux méditations distinctes. Les Etats-Généraux auront-ils des moyens d'exécution suffisans ? Les auront-ils d'une manière solide ? Telle est la question, en quelque sorte pratique, à laquelle je me borne. On voit que cet Ecrit doit être regardé comme un supplément au grand nombre d'ouvrages théoriques que la circonstance va faire naître.

Nous disons que les Etats-Généraux ne seront grandement et solidement utiles,

[9]

qu'autant qu'au savoir et au vouloir, qu'on peut leur supposer , ils joindront le *pouvoir* de droit et d'exécution : l'auront-ils?

Trois conditions constituent ce pouvoir: la première, le *droit* de faire ; la seconde, toute *liberté* en faisant ; la troisième , la *permanence* de ce qui aura été fait.

Cette division est claire. Pour la suivre , nous prouverons dans trois Sections :

1°. Que les Etats-Généraux ont le droit de législation.

2°. Qu'il ne tient qu'aux Etats-Généraux d'exercer librement le pouvoir législatif.

3°. Que les Etats-Généraux peuvent établir et rendre permanent et indépendant le résultat de leurs délibérations.

PREMIÈRE SECTION.

Les Etats - Généraux ont le pouvoir législatif.

Il est certain que les États - Généraux ne feront beaucoup de bien, qu'autant qu'ils auront beaucoup de pouvoir. Pour connoître l'étendue de ce qui leur appartient en ce genre, on ne doit consulter sans doute, ni cette foule de mandataires qui n'ont que les opinions et la conscience de leur état, et dont l'etat est attaché au train actuel des affaires ; ni ces importans d'*antichambre* qui passent une vie honorée à mendier, à intriguer et à haïr ce même Peuple que l'on force à payer leur hautaine mendicité. A les entendre : « Les États-» Généraux ne sont faits que pour donner » de l'argent ; et si on leur laisse la conso-» lation de compiler un cahier de do-» léances, ce n'est que pour la forme. » C'est proprement le cahier d'adieu ».

Certes, voilà une digne Nation, qui a le droit d'offrir de l'argent et des doléances ! Ose-t-on penser qu'il n'y ait que les États-Généraux à qui appartienne le droit de se plaindre? Ou veut-on persuader que les plaintes d'un Peuple dispersé ne méritent pas d'être entendues? ou enfin, la Nation assemblée ne peut-elle rien de plus que ce que peut tout particulier?

Entrons en matière , et formons-nous d'abord une idée de la *fin* de toute législation, et des deux *parties* dont cette législation est essentiellement composée.

La liberté du citoyen consiste dans l'assurance de n'être ni empêché ni inquiété dans l'exercice de sa propriété personnelle et dans l'usage de sa propriété réelle.

La LIBERTÉ du citoyen est la *fin* unique de toutes les loix (1). Il faut qu'elles s'y rapportent toutes, ou *immédiatement* , et elles forment alors la législation civile,

---

(1) Cette analyse est plus exacte que celles à laquelle on se tient d'ordinaire. On présente la liberté, la propriété et la sécurité comme trois fins à la loi sociale ; mais ces trois objets rentrent l'un dans l'autre.

ou *médiatement* , et ce sont celles qui concernent le Gouvernement. Nous allons voir que les États-Généraux ont le droit de faire des loix sous ces différens points-de-vue.

Il est généralement convenu qu'à *la Nation seule appartient le droit d'octroyer l'impôt.* Qu'est-ce au fond qu'octroyer l'impôt? C'est obliger chaque citoyen à céder une portion de sa propriété pour le maintien de la chose publique. Celui-là seul fait la loi, qui crée dans ceux qn'elle frappe, *l'obligation* morale de s'y soumettre. Le fisc peut bien poursuivre le contribuable que la loi oblige. La force publique peut bien en assurer l'exécution, mais la loi n'est l'ouvrage ni du fisc ni de la force. Elle n'est que la volonté manifestée de celui qui a droit d'obliger. Si donc c'est un principe avoué, que la Nation peut seule obliger le contribuable, c'est une conséquence immédiate, et qui doit pareillement être reconnue, que cette partie du pouvoir législatif appartient aux États-Généraux.

Mais si l'on ne veut pas que la Nation ait pu livrer à un maître le privilége de disposer de la plus légère portion de sa propriété réelle, comment imaginer qu'elle ait pu s'imprimer volontairement le signe le plus décidé et le plus honteux de la servitude, par l'abandon de sa propriété personnelle, ce premier de tous les biens, de tous les droits, sans lequel les autres ne sont qu'illusoires ? La renonciation à sa liberté personelle n'est ni présumable ni possible de la part de celui qui s'est réservé tout pouvoir sur sa chose. Ce seroit un acte de démence.

Ces deux raisonnemens suffiroient déjà pour prouver que les États-Généraux embrassent dans leur pouvoir toutes les loix qui concernent le citoyen dans ses deux propriétés. Mais suivons :

Nous savons tous que dans les temps les plus barbares de la Monarchie, les loix, sans distinction, étoient arrêtées *par* ou *avec* le consentement du Peuple. Cependant, les Administrateurs d'alors étant moins ignorans que le Peuple, on conçoit qu'une plus grande influence de leur part, auroit pu s'accorder plus souvent avec l'intérêt général. Aujourd'hui la Nation non-seulement vaut mieux qu'autrefois, mais elle est beaucoup plus éclairée que la Gouvernement. Seroit-ce une raison pour la supposer réduite à des limites infiniment plus étroites dans l'exercice de ses droits ?

Nous tenons pour maxime qu'il n'y a point d'esclave en France. Les vingt-six millions d'hommes qui habitent le Royaume sont libres ; comment concevoir que la Nation ne le soit pas ? Si l'esclavage ne peut trouver à se placer sur aucune tête en particulier, comment pourroit-il en embrasser l'universalité ?

En général, tout citoyen à qui on ôteroit le droit de consulter ses intérêts, de délibérer et de s'imposer des loix, seroit considéré avec raison comme serf; le droit de consulter ses intérêts, de délibérer et de s'imposer des loix appartient donc nécessairement à la Nation.

Pénétrons plus avant dans cette importante question. Voyons ce que peut être en soi le pouvoir législatif, et comment il a pu se composer chez un peuple plus ou moins nombreux.

Tout homme, nous venons de le dire, a le droit inné de délibérer et de vouloir pour lui-même, de s'obliger, de s'engager envers les autres, et par conséquent de s'imposer des loix. Considérons cet homme, d'abord hors de toute association, et au moment qu'il veut en former une avec d'autres individus comme lui. Laissons de côté les relations intérieures des familles. Il faut, dans un sujet comme celui-ci, simplifier le plus qu'il est possible. Si l'on veut que l'association ait pour élémens , non les têtes individuelles, mais les chefs de famille , j'admettrai pour le moment tout ce que l'on voudra. Ce n'est point ici le lieu de discuter cette question. Je parle des membres de l'union qu'on peut en regarder comme les parties intégrantes , des membres admis à contracter ; et je dis qu'il ne peut s'établir entre eux que des relations fondées sur un acte libre de la volonté de chacun.

Ou l'on veut librement, ou l'on est forcé; il n'est pas de milieu. Dans le premier cas, je vois un engagement réel, émané de sa véritable source ; car nous venons de le dire, tout homme est chargé de vouloir pour lui-même. La volonté et l'intelligence sont deux facultés que la Nature a attachées à la constitution de l'homme , pour lui faire remplir la carrière qu'elle a ouverte devant lui. Ces deux facultés sont aussi inaliénables l'une que l'autre. Il faut que tout individu s'engage et s'oblige lui-même envers les autres. Sa seule volonté peut donner à son engagement le caractère d'une obligation morale. Hors de-là, je ne vois que l'empire de la force sur la foiblesse, et ses suites odieuses. Mais cet empire ne sauroit jamais devenir un pouvoir moral. Ce n'est, s'il est permis d'employer cette image , qu'une compression méca-nique qui produit *effet* sans produire *obli-gation*, ou s'il y a une obligation que ce principe violent doit, je ne dis pas opérer, mais réveiller et exciter dans l'ame du foible , c'est le devoir naturel et sacré de faire sans cesse effort pour repousser l'op-pression, et de s'y soustraire par tous les moyens possibles.

Ainsi nous ne devons voir entre plusieurs individus, unis par un engagement social, d'autre principe à cet engagement, qu'un acte libre de la volonté. Un homme peut offrir et *échanger* chose pour chose, en-gagement pour engagement. Tout est

échange

échange parmi les hommes ; et dans tout acte d'échange, il y a nécessairement de part et d'autre, acte libre de la volonté ; mais nul homme n'a le droit d'en *dominer* un autre ; la maxime contraire ouvriroit la porte à tous les crimes, à toutes les horreurs, et à l'anéantissement de tous les droits.

C'est assez appuyer sur cette vérité ; mais elle est si essentielle, si fondamentale, qu'il falloit y appuyer. Il demeure constant que la volonté individuelle est le seul élément dont les loix puissent se composer, et qu'une association légitime ne peut avoir d'autre base que la volonté libre des associés.

Dès-que nous supposons une association, il lui faut la liberté de vouloir, de s'engager, soit envers d'autres associations, soit envers ses propres membres, soit envers des individus étrangers. Pour remplir des besoins communs, il faut une volonté *commune*. Cette volonté doit être naturellement le produit général de toutes les volontés particulières ; et sans doute la première volonté commune d'un nombre d'hommes qu'on suppose se réunir en société politique, est exactement la somme de toutes les volontés individuelles. Mais, pour l'avenir, ce seroit renoncer à la possibilité de vouloir en commun, ce seroit dissoudre l'union sociale, que d'exiger que la volonté commune fût toujours cette somme précise de toutes les volontés. Il faut donc absolument se résoudre à reconnoître tous les caractères de la volonté commune dans une pluralité convenue (1). Et ne croyez pas qu'avec une pareille convention, la société ne soit gouvernée au fond que par une volonté incomplette. Tout citoyen, par son acte d'union, contracte l'engagement constant de se reconnoître lié par l'avis de la pluralité, lors même que sa volonté particulière auroit fait partie de la minorité. Il s'y soumet, disons-nous, d'avance par un acte libre de sa volonté, et il ne se réserve que le droit de quitter l'association, de s'expatrier, si les loix qu'on y fait, ne peuvent lui convenir ; de

---

(1) La pluralité n'est pas *une*. Sur cent personnes, par exemple, on voit bien qu'il y a pluralité depuis 51, jusqu'à 99. Il y a pluralité simple, pluralité aux deux tiers, aux trois quarts, etc.

sorte que la continuité de son séjour devient un acquiescement volontaire à la pluralité, une confirmation tacite, mais positive de ce premier engagement par lequel il s'est imposé d'avance l'obligation de regarder la volonté commune comme la sienne propre. Mais toujours cette volonté commune, de quelque manière que vous la formiez, ne peut être composée que des volontés individuelles des citoyens. Ce n'est qu'à ce titre seul qu'elle opère pour tous une véritable obligation, qu'elle fait loi pour toute la communauté.

Avançons, afin de connoître les nouvelles modifications que l'accroissement du nombre des associés doit apporter dans le pouvoir législatif.

A mesure que le nombre des citoyens augmente, il leur devient difficile, impossible même de se réunir pour confronter les volontés particulières, pour les concilier et connoître le vœu général. Il faut donc que la communauté se partage en plusieurs districts (1), et que chaque

____

(1) Division par _districts_, n'est pas division par

division commette quelques-uns des associés pour porter son vote à un *rendez-vous* commun.

Mais bientôt, on reconnoît que la méthode de détacher de simples porteurs de votes est essentiellement vicieuse, en ce que les Députés , obligés de s'en tenir scrupuleusement à l'avis de leurs commettans , ne pouvant point se concilier entr'eux , il devient souvent impossible de tirer de la totalité des votes une volonté commune : or c'est la *volonté commune* qu'il faut ; et tout moyen qui ne la donne pas , est radicalement mauvais. On doit sentir que s'il falloit consulter de nouveau les commettans des différens districts , leur faire part de ce qui se passe , attendre de nouveaux ordres , et recommencer cette même marche , tant que les avis ne présenteroient point encore une volonté commune , on doit sentir que les affaires ne finiroient pas , que l'intérêt public en souffriroit, et que la généralité des associés, pour vouloir se réserver trop

---

ordres , *corporations* ou *jurandes*. C'est une différence du jour à la nuit.

immédiatement l'exercice de sa volonté, s'en interdiroit l'usage.

Cette méthode seroit sujette encore à d'autres inconvéniens. On ne peut les indiquer tous ; il nous suffira d'en citer un capable d'annuller toutes les délibérations : c'est qu'avec une pluralité apparente, on ne seroit jamais assuré d'avoir la véritable volonté commune, qui seule peut faire loi. Ce vice est attaché à l'usage de compter les suffrages par sections, et non par têtes délibérantes. Nous développerons cette vérité dans la deuxième partie où elle sera mieux placée.

La communauté se détermine donc à accorder plus de confiance à ses mandataires. Elle les fonde de procuration, à l'effet de se réunir, de délibérer, de se concilier, et de vouloir en commun : alors, au-lieu de simples porteurs de votes, elle a de vrais représentans. Mais remarquons, parce que ces sortes de vérités doivent toujours être présentes à l'esprit, que la mission donnée aux représentans ne peut jamais être une aliénation. Cette mission est essentiellement libre, constamment révocable, et limitée, au gré des commettans, pour le temps ainsi que pour la nature des affaires (1).

Du moment que la communauté est divisée par districts, la part que chaque volonté individuelle prend au pouvoir législatif est moins immédiate. Mais ce pouvoir n'a jamais une autre origine, jamais d'autres élémens. Ce n'est pas ici le lieu de faire observer toutes les nuances qui modifient ce nouvel état de choses. Une seule remarque devient nécessaire : il semble que chaque district nommant séparément ses représentans, et ne concou-

---

(1) Puisque la Nation peut donner des missions différentes à différens Corps de Représentans, il est certain qu'elle peut borner l'objet d'une députation, et par conséquent limiter ses *pouvoirs*, en prenant ce mot pour l'indication des affaires qu'elle donne à traiter. Mais le *pouvoir* ou le droit de proposer, de délibérer et de statuer dans l'ordre des fonctions confiées aux Députés, est nécessairement illimité. Car il faut qu'ils soient libres de faire et de bien faire, pourvu qu'ils ne sortent pas de leur mission. Au surplus, toute limitation qui n'a pas été prononcée par la pluralité, ne peut point lier la délibération. La pluralité représente toujours la Nation entière, et fait loi pour tout le monde.

rant point à élire ceux des autres divisions , aucun district , en suivant nos principes , ne devroit reconnoître pour loi que celle qui seroit l'ouvrage , non pas précisément du corps entier des. représentans , mais de la pluralité de ses représentans particuliers de ce district; il s'ensuivroit que chaque division auroit le *liberum veto*; et l'on sait qu'avec un droit de cette nature , on finiroit par rendre impossible au corps législatif l'exercice de ses fonctions. Rien de plus vrai : un pareil droit seroit antipolitique. On ne peut point le reconnoître, et il faut au contraire tenir pour maxime , que chaque député représente la totalité de l'association.

Personne ne seroit tenté de nier cette vérité , si toute la communauté pouvoit se réunir pour nommer le corps entier des représentans. Mais c'est la même chose. L'universalité des citoyens ne pouvant ou ne voulant point s'assembler dans un même lieu, elle se partage par cantons, convient que chaque canton nommera un nombre proportionnel de députés. Tous les cantons s'autorisent et se commettent réciproquement pour faire cette élection par-

tielle , qui , par cela même , est censée
l'ouvrage de la communauté entière. Ainsi
point de difficulté : le pouvoir législatif est
toujours le produit de la généralité des
volontés individuelles.

Un grand Peuple peut bien moins encore
exercer lui - même sa volonté commune ,
ou sa législature. Il se nomme donc des
Représentans qu'il charge de vouloir pour
son compte , et l'on ne peut pas dire que
la volonté commune de ces représentans
ne soit pas la véritable loi , ne fasse pas
loi pour tout le monde.

Il est donc démontré que toute Nation
qui peut par ses Représentans, vrais fondés
de pouvoir , se former une volonté commune , exerce toute l'étendue du pouvoir
législatif.

Et ne nous parlez pas d'un prétendu
contrat entre les Peuples et un Maître ,
par lequel les premiers se seroient dé-
pouillés à jamais du droit de vouloir ,
par un premier acte de leur volonté. Une
collection d'hommes ne peut pas plus qu'un
particulier , renoncer à la faculté de délibérer et de vouloir pour son intérêt. Quel
seroit l'objet ou le prix d'un tel engage-

ment ? La protection : un homme peut-il protéger une Nation ? C'est en elle-même qu'est la force tutélaire , et non ailleurs. Lorsqu'une Nation confie à quelqu'un de ses membres le soin de mouvoir cette force protectrice dont elle fournit les élémens , la combinaison, la direction, et tout, elle ne contracte point , elle commet. Ce n'est point un engagement , c'est une procuration libre.

Mais nous avons tort de répondre à de semblables difficultés. Il est reconnu, dans les temps où nous vivons, que nul homme ne peut se rendre esclave d'un autre homme. Un acte moral qui seroit destructif de toute morale , ne sauroit être obligatoire. En supposant même des malheureux qui voulussent absolument se devouer à ce dernier degré de bassesse pendant tous les instans de leur vie , leur exemple seroit nul pour leurs descendans. Ce qu'on ne peut vouloir pour soi , à plus forte raison ne le peut-on pas pour les autres. Il en faut toujours revenir à la volonté libre par essence , comme à la source unique d'où dérivent médiatement ou immédiatement toutes les loix qui frappent l'homme d'une véritable obligation. Ainsi donc, puisque la volonté nationale est le produit de toutes les volontés particulières, le pouvoir législatif appartient à la Nation, nécessairement et dans toute sa plénitude. On ne conçoit au-dessus de lui que le droit naturel, qui, bien loin de le contrarier, l'éclaire et le dirige vers la grande fin de l'union sociale.

Nos adversaires n'aimeront point cette force d'évidence qui sort de la considération de la nature des choses ; ils rappelleront à notre esprit les cent mille faits, les cent mille conjonctures, où la volonté sociale a été muette. Il a bien fallu', diront-ils, la suppléer de quelqu'autre manière.

Mais, que nous importe de savoir comment on supplée à la volonté des Peuples, lorsqu'ils sont hors d'état de la faire connoître par des Représentans de leur choix? Il nous suffit que la Nation se trouve en état de parler, et qu'on ne puisse pas nier que ce ne soit bien elle qui va parler par ses Représentans : d'après ce fait seulement, nous devons soutenir qu'il seroit contradictoire dans les termes, que les délibérations arrêtées par ces Représentans ne fussent pas de véritables loix obligatoires pour tous les Représentés.

La génération qui passe s'écriera-t-elle, suivant son usage, qu'avec tous ces nouveaux systêmes, on ne cherche qu'à tout bouleverser ? Nous lui répondrons, au nom des générations qui viennent, et sur-tout au nom des hommes qui, placés entre la vieillesse et l'enfance, soutiennent véritablement le poids du jour : 1°. que nous sommes un peu plus intéressés qu'elle à tout ce qui concerne les loix et les choses de ce monde. 2°. Qu'il n'y a rien de plus ancien et de plus respectable que les idées qui ramènent à la vérité. C'est l'erreur, qui est nouvelle auprès de l'ordre éternel des choses, où il est bien temps que les hommes veuillent enfin puiser les vrais principes sociaux.

Il faut prendre, dit-on encore, les choses comme elles sont ; il ne s'agit pas de ce qu'on pourroit être, de ce qu'on pourroit faire, mais de ce qui est.... Soit : parlons de ce qui est. Les Etats-Généraux seront sans doute ; alors nous vous dirons : choisissez ; ou ils représentent, ou ils ne représentent pas la Nation : dans ce dernier cas , ils ne peuvent l'obliger à rien , pas plus à payer l'impôt qu'à tout le reste ; ou ils s'expriment au nom de la Nation, et alors ils peuvent tout.

Nous croyons avoir rigoureusement démontré qu'une Assemblée générale de Représentans est l'organe légitime de la volonté nationale ; qu'en cette qualité , elle a le droit de donner des loix à tout ce qui appartient à la Nation , et qu'il n'est rien sur quoi elle n'en puisse donner.

Pourquoi donc , puisque ces principes sont puisés dans l'évidence même , nous reste-t-il pourtant je ne sais quel pressentiment de regret de ne les point voir adopter? Pourquoi l'évidence n'est-elle pas le garant et la mesure de l'impression que les bons principes devroient faire sur l'esprit de tous les hommes ?

Le déplorable cours des événemens nous a dissuadés à la longue , de toute importance qui ne tient qu'au pouvoir de la vérité. Elle est regardée comme un être idéal sans force , et sa lumière comme étrangère aux affaires des Peuples. Il est reçu qu'on ne décide rien qu'avec des faits :

c'est que le despotisme a par-tout commencé par des faits , et qu'en toutes choses, il lui est nécessaire d'offrir ce faux modèle dont il dispose , plutôt que la vérité qui en est indépendante et qui le condamne.

Nous voyons tous les jours un pédantisme niais s'essayer avec confiance à décrier le Philosophe qui remonte aux principes de l'art social. L'utile , la féconde méditation ne paroît au lourd érudit que l'ouvrage de la paresse ; et lorsque l'homme supérieur a laissé par dégoût , autant que par sagesse , le triste tableau des erreurs de nos Pères , la médiocrité s'empare de la matérielle occupation de noter assidument toutes les pages de l'Histoire ; elle voit , dans le seul talent de lire et de transcrire , le mérite par excellence , et la réponse à toutes les questions.

Malheureusement , les Philosophes eux-mêmes qui , dans le cours de ce siècle , ont rendu de si grands services aux sciences physiques , paroissent autoriser cette ridicule confiance , et prêter la force de leur génie à des déclamations aveugles. Degoûtés avec raison de la manie systématique de leurs prédécesseurs , ils se sont attachés à l'étude des faits , et ils ont proscrit toute autre méthode : jusques-là , ils ne méritent que des éloges ; mais lorsque , sortant de l'ordre physique , ils ont voulu employer et recommander cette méthode jusques dans l'ordre moral , ils se sont trompés. Avant de prescrire une même marche à toutes les Sciences, il auroit fallu consulter la différence de leur objet et de leur génie.

Que le Physicien se contente d'observer les faits , de les recueillir , d'en saisir les rapports ; rien de plus sensé. Il a pour objet de connoître la Nature ; et puisqu'il n'a pas été appelé à aider de son conseil ou de sa main , le plan du systême du monde , puisque l'univers physique existe et se maintient indépendant de ses méditations correctrices , il faut bien qu'il se borne à l'expérience des faits. La physique ne peut être que la connoissance de *ce qui est*.

L'art, plus hardi dans son vol , se propose de plier et d'accommoder les faits à nos besoins et à nos jouissances ; il demande ce qui *doit être* pour l'utilité des hommes. L'art est à nous ; la spéculation , la com-

binaison et l'opération nous y appartiennent également : or, de tous les arts, le
premier sans doute, est celui qui s'occupe
de disposer les hommes entre eux, sur un
plan le plus favorable à tous. Et je le demande, faut-il ici consulter les faits, à la
manière des Physiciens ? Quelle doit être
la véritable science, celle des faits ou celle
des principes ?

Parce que le Physicien est assuré de former la sienne à l'étude de ce qui se passe
dans la Nature , le Législateur chercherat-il pareillement le modèle de l'ordre social
dans le tableau des événemens historiques ?
Ah ! si le chemin de l'expérience est long
pour le Physicien , au moins est-il utile ;
et il est sûr, en avançant sans cesse, d'agrandir toujours la sphère de ses connoissances. Quelle différence pour le Législateur ! que les événemens doivent peser sur
son cœur ! et qu'il doit se sentir pressé de
sortir enfin de l'effroyable expérience des
siècles ! (1)

____

(1) Ce n'est pas que le tableau historique des Peuples
ne puisse fournir d'utiles sujets de méditation. Je n'attaqne que cette superstition qui demande toujours des

Quelques Lecteurs trouveront ces réflexions déplacées : ceux qui ne connoissent pas l'objection , ne sentent guères la nécessité de la réponse. Que nous importent , diront-ils, les caractères qui doivent distinguer les sciences de simple observation , des sciences de combinaison ? Il s'agit ici des États-Généraux :... eh ! oui, des Etats-Généraux, qui ne serviront qu'à consacrer vos malheurs , et à vous en préparer de nouveaux, s'ils suivent la marche des faits ; et qui , en écoutant la raison , peuvent au contraire vous appeler à la liberté , et à tous les droits qui la constituent.

Défiez-vous de l'influence que peut avoir sur l'esprit de vos Représentans , l'idée déjà trop propagée par vos Savans , de fonder la morale, comme la physique, sur la base de l'expérience. Les hommes ont été , dans ce siècle, rappelés à la raison par la route des sciences naturelles. Le

---

faits , et ne sait rien voir au-delà ; que cette paresse honteuse qui , à côté de bons matériaux , ne peut jamais se résoudre à rien combiner ; que cet esprit d'imitation qui auroit réduit l'espèce humaine à n'être presque tout au plus qu'une espèce de singes.

service est réel. Mais gardons-nous d'une fausse reconnoissance qui nous retiendroit dans le cercle étroit de l'imitation, ou qui nous arrêtant sur la route, nous interdiroit le desir d'un nouvel établissement à faire au terme.

Sans doute, la vraie politique combine des faits et non des chimères, mais elle combine ; et semblable à l'architecte qui prépare et réalise son plan dans son imagination avant de l'exécuter, le Législateur conçoit et réalise dans son esprit, l'ensemble et les détails de l'ordre social qui convient aux Peuples. Lorsqu'il nous offrira le fruit de ses méditations, jugeons-en l'utilité, et recevons les bienfaits du génie, sans lui demander des preuves de fait ; car rien ne seroit, s'il n'avoit pu se présenter à l'existence, qu'on me passe l'expression, qu'avec des preuves de fait. Jamais il n'a été plus pressant de rendre à la raison toute sa force, et d'oter aux faits celle qu'ils ont usurpée pour le malheur de l'espèce humaine.

Cette considération me commande : oui, je donnerai un libre cours à mes plaintes et à mon indignation contre cette foule

C

d'Écrivains , qui se consument à demander au passé , ce que nous devons être dans l'avenir ; à chercher dans de misérables traditions , tissues de déraison et de mensonges , les loix restauratrices de l'ordre public ; qui s'opiniâtrent à fouiller dans toutes les archives , à compulser , à compiler d'innombrables Mémoires, à rechercher , à révérer jusqu'aux moindres fragmens , quelqu'apocryphes , obscurs ou inintelligibles qu'ils soient, dans l'espérance de découvrir , quoi? de vieux titres , comme si , dans leur extase gothique , ils aspiroient à mettre la Nation en état de faire ce qu'on nomme *des preuves.*

Je voudrois que l'on pût transporter tout-à-coup au milieu de nous un être doué d'un sens pur, d'une raison lumineuse, mais étranger à la bizarrerie de nos opinions , et qu'après lui avoir expliqué le grand intérêt que nous avons dans la conjoncture actuelle, on le laissât juger des moyens que nous choisissons pour en tirer un grand parti : que diroit-il en voyant cet empressement général à rechercher les vieux recueils où il peut être mention de notre ancien droit public, l'importance que nous mettons à interroger cette espèce d'oracle , et l'extrême confiance enfin avec laquelle on semble se préparer de toutes parts à écouter ses absolues réponses?

Ne croiroit-il pas que le passé doit receler, à coup sûr, un fonds inépuisable de lumières et de décisions propres à éclaircir tous les doutes, à dissiper tous les embarras ? Ne se persuaderoit-il pas qu'il existe apparemment , quelque part sur la terre , hors de la puissance des tyrans, et à l'abri des ravages du temps, un dépôt sacré où se conservent religieusement les archives authentiques des peuples ; et que là, comme à un recours toujours ouvert aux Nations , on peut aller consulter , lorsqu'il est nécessaire , les conventions primitives qui déterminent la forme et les droits de toute association humaine? Ou bien même, s'il vouloit s'expliquer entièrement la plénitude de notre confiance , pourroit-il s'empêcher de croire que cette source des libertés humaines, une fois ouverte, versera à l'instant sur toutes les parties de la terre habitée , des loix assez puissantes toutes seules , pour dicter aux Souverains

C 2

la prompte restitution des droits usurpés ,
et les forcer de concourir , autant par leur
docilité que par leurs efforts , à l'universelle
régénération des sociétés politiques?

Il se tromperoit. Tant de mouvemens ne
sont parmi nous, que le malheureux effet
de cet esprit de vertige qui, poussant sans
cesse les pauvres humains dans des routes
perdues , gâte pour eux les meilleures occasions de se ressaisir de leurs droits. Les
archives des peuples ne sont point anéan-
ties. Non, sans doute : mais c'est dans la
raison et non ailleurs, qu'en est le dépôt
fidèle et sûr.

Lorsque l'injustice préside aux événemens, et change les sociétés en un mélange confus d'oppresseurs , d'opprimés ,
la raison veille sur tous; elle ne se lasse
point de leur présenter , pour des temps
plus heureux , le tableau fidèle de leurs
droits et de leurs devoirs.

Au surplus, vainement s'obstineroit-on à
remuer les ruines des anciens édifices politiques. On ne parvient point ainsi à se
faire une juste idée de leur construction
première. Les peuples européens en particulier , ont continuellement changé de

constitution ou plutôt de formes, au point de n'être pas ressemblans à eux-mêmes deux âges de suite. Non, toutes nos recherches ne sont bonnes qu'à multiplier les difficultés. Les témoignages d'un siècle sont contraires à ceux d'un autre siècle. L'écrivain qui affirme le plus positivement, est démenti par l'écrivain qui l'a précédé et par celui qui le suivra. Ne voit-on pas que des témoins aussi incertains ne sont propres qu'à fournir des armes à tous les partis et à toutes les prétentions? Cependant, au milieu de ces interminables querelles, le temps se passe et l'occasion est perdue.

Laissons nos prétendues origines dans les ténèbres impénétrables où elles sont heureusement ensevelies à jamais. Epargnons-nous des regrets inhumains. Car, lors même que ces origines se découvriroient tout-à-coup à vos yeux, qu'en espéreriez-vous? N'en doutez point, elles seroient étrangères à nos nécessités actuelles , comme les jeux et les querelles de l'enfance sont inutiles aux occupations de l'âge mûr.

Je vais plus loin : lors même que nos origines nationales offriroient la liste positive, complette , authentique , et avouée de nos droits ; (il est impossible de demander davantage.) Eh ! bien , n'est-il pas trop certain que la force armée se moqueroit de nos titres positifs , comme elle insulte habituellement à nos droits naturels.

Et l'on applaudit cependant à tant de futiles et fausses recherches ! Le Public semble les autoriser , et en attendre la décision de son sort. Eh quoi ! vos droits sont en vous-mêmes, ils y sont tous , ils y sont imprescriptibles , une main toute-puissante les y a gravés en caractères im-mortels ; et vous voulez les compromettre , les ravaler , jusqu'à les faire dépendre du hasard d'une découverte , ou d'un point d'érudition ! Vous ne craignez point de consentir à ne leur attribuer d'existence ou de valeur que ce que la tyrannie des siècles en a laissé échapper dans quelques cahiers informes, écrits de la main de la servitude !.....

Dussiez-vous enfin retirer de cette fange littéraire , vos titres , purs et brillans de vérité , tels qu'ils vous sont offerts par la raison elle-même, en deviendront-ils , nous ne cesserons de l'observer, en deviendront-ils plus imposans pour le pouvoir arbitraire, en seront-ils plus respectés, plus à l'abri de ses illégales atteintes?

Sachons donc nous placer de nous-mêmes, sur le chemin qui conduit à l'ordre social. Ensuite, puisqu'il faut se proposer d'aller en avant, gardons-nous de prendre pour guides des gens qui ne savent que regarder en arrière. Que pourrions-nous attendre des admirateurs des annales, ou plutôt, des légendes gothiques, ineptes rédactions des inepties contemporaines? Quoi! à la fin du dix-huitième siècle, nous en serions réduits à invoquer les lumières des législateurs Sicambres et Welches? Nous demanderions à l'ignorance même, la révélation d'un code social? Eh! que ferions-nous aujourd'hui, si les hommes bornés à l'imitation n'avoient su que consulter leurs ancêtres?

Nous voudrions nous le cacher, mais la plus lâche superstition fascine encore et dégrade la plupart des esprits. Vainement une sorte de pudeur nationale nous-at-elle rendus honteux de notre longue nudité politique; vainement avons-nous formé le desir de la mettre à couvert des injures du despotisme:

semblables à de sots enfans, si l'aiguillon
des besoins nous pousse vers la main bienfaitrice qui offre de nous vêtir, une timi-
dité inexplicable nous fait au même instant reculer; ou plutôt, je ne sais quel
confus sentiment de foi dominant nos ames,
nous inspire l'horreur des conseils pro-
fanes de la raison et du bon sens en matière législative, et nous ramène sans cesse
en adoration devant les plus stupides préjugés, les plus grossières coutumes, parce
qu'elles sont de nos pères ! sublime dévoue-
ment, grande et utile instruction qui, con-
damnant les peuples à croupir éternellement dans les langes de l'enfance, ne sait
que les repaître du dégoûtant spectacle de
l'absurde féodalité, ou du récit fidèle
des féroces institutions de l'antique barbarie !

Ah ! plutôt hâtons-nous d'abjurer une
superstition d'esclaves ; cessons de nous
défendre contre les lumières qui nous
pressent de toutes parts, et dans le grand
jour qui se prépare pour nous, montrons-
nous instruits de nos droits ; ne souffrons
pas que nos représentans, chargés de fixer
les destinées de vingt-six millions d'hommes,

s'abaissant à de vaines querelles, n'offrent
à l'univers attentif, que le tableau, ridicule et honteux, d'une tourbe théologique,
se disputant des textes, déchirant à l'envi
la raison, et finissant tout ce bruit par la
plus profonde nullité.

DEUXIÈME SECTION.

Il ne tient qu'aux États-Généraux d'exercer librement leur pouvoir législatif.

N'OUBLIONS pas que la seule nécessité de régénérer les finances, a opéré la résurrection des États-Généraux, et nous soupçonnerons déjà qu'une cause assez puissante pour leur avoir rendu l'existence, peut bien encore leur assurrer la liberté. Mais auparavant il convient de prendre quelque notion des objets principaux pour lesquels les États-Généraux ont besoin d'indépendance dans l'exercice de leur pouvoir. Car on pense bien que s'il falloit s'en tenir aux idées ministérielles, on n'auroit que faire et de liberté et de pouvoir ; la soumission et l'obéissance n'exigent pas tant de façon.

Dans l'opinion du Ministre, les États-Généraux sont convoqués pour consentir un nouvel impôt, attendu qu'il n'a pas été possible de se le procurer d'une autre manière. La situation de l'État n'est que celle d'un grand seigneur, qui, ayant dérangé ses affaires et épuisé son crédit, prend le parti ennuyeux et extrême, d'appeler ses fermiers et ses régisseurs. Son Intendant s'apprête à les recevoir et à leur parler en ces termes : « Monseigneur a besoin » d'argent ; *il daigne se rapprocher de* » *vous* , pour vous en demander. Vous » aurez l'honneur de le voir : méritez ses » bontés , par l'empressement que vous » montrerez à payer ses dettes, et à le » mettre en état d'effacer tous ses prédé- » cesseurs par ses dépenses , et comptez » que nous nous prêterons de notre côté » à tous les arrangemens qui pourront vous » convenir ». Bien entendu que le Ministre d'un Roi, dans ses engagemens, est plus à son aise que l'Intendant d'un Seigneur contre lequel au moins on peut se pourvoir en Justice.

Ce n'est pas du même œil que les Députés nationaux peuvent voir la situation des affaires publiques. Ils savent bien que les propriétés n'appartiennent point au fisc, et que les citoyens ne sont ni les fermiers, ni les régisseurs de ce prétendu maître.

Il n'est pas un homme d'honneur qui, en acceptant l'importante procuration des peuples, ne se dise : Je deviens l'homme de la Nation ; j'en remplirai les devoirs. Ces devoirs ne se bornent pas à jouer le rôle misérable d'un tributaire mandé pour courir au secours d'un fisc déprédateur. Les représentans d'une Nation ne s'aviliront pas jusqu'à se changer en une simple compagnie de pourvoyeurs de la caisse publique, aux ordres des administrateurs qui l'ont pillée. Les membres des États-Généraux ont une mission plus relevée et plus honorable ; ils la tiennent des peuples, et elle s'étend à tout ce qui compose l'intérêt général de leurs commettans.

Personne n'ignore que toute société politique a des besoins communs ; que pour y pourvoir, il a fallu détacher de la masse des citoyens, différentes classes de mandataires, dont l'ensemble des personnes et des travaux forme ce que nous appelons l'*établissement public*. Les frais de cet établissement sont à la charge de tous ceux qui participent à ses avantages ; et voilà d'où vient l'impôt.

Il n'y auroit point d'impôt, s'il n'y avoit

un établissement public à soutenir. Mais cet établissement lui-même seroit un hors-d'œuvre ridicule, s'il n'avoit une fin plus relevée. Il n'est fondé et il n'existe que pour les besoins communs, et proportion-nellement à ce qu'exigent les besoins communs de la Nation.

Ainsi, dans l'ordre des idées, comme dans celui de la vraie dignité, *les affaires nationales* sont la *fin* unique. L'*établissement public* est le *moyen* immédiat, et le *fisc* n'est que le moyen médiat ou secondaire, lequel ne doit rien contenir que ce qui est prescrit par les nécessités publiques. On ne peut s'empêcher de rappeler ici la maxime triviale, et pourtant fondamentale qui sert de règle dans toutes les affaires de la vie : qu'*il ne faut jamais sacrifier la fin aux moyens, mais ordonner les moyens à la fin.*

On sent bien que les États-Généraux ne s'occuperoient pas de la chose publique d'une manière utile et conforme au vœu de leurs commettans, si l'on pouvoit réussir à bouleverser ces notions de première évidence. Personne n'est plus disposé que nous à s'en rapporter à leur sagesse sur le choix de ce que les circonstances demanderont, et de ce qu'elles pourront permettre. Quelle que soit la marche de leurs opérations, nous pensons que le sentiment intime de leurs devoirs, et la considération de la nature des choses dirigeront leurs pas ; qu'ils ne perdront point de vue, et n'intervertiront jamais l'ordre naturel et essentiel des vérités sociales. Cet ordre, il faut le répéter, exige 1°. que l'on connoisse tous les besoins communs de la société ; 2°. que l'on en écarte tout ce qui est étranger ou inutile ; 3°. que l'on examine ensuite les moyens établis pour y pourvoir, et qu'on les règle dans leur force active et économique, proportionnellement au but de leur fondation. Car c'est un principe fondamental pour la liberté, que l'établisssement public doit être tout puissant pour remplir sa destination, et absolument impuissant à s'en écarter, soit pour le mal, soit même pour le bien qu'il n'est pas chargé de faire ; 4°. enfin on songera à créer une caisse nationale dans une juste proportion avec ces grands objets ; 5°. cette caisse sera mise irrévocablement sous la dépendance de ceux qui sont intéressés à la recette, et jamais à la disposition de ceux qui sont intéressés à la dépense. On sent la nécessité de ce nouveau principe pour le maintien de tous les autres. Les États-Généraux n'eussent-ils que ce dernier travail à régler, c'est plus d'indications qu'il n'en faut pour s'assurer que dans l'exercice de leurs fonctions, ils ne peuvent pas rester exposés sans défense aux entreprises d'un Ministère mécontent de la tournure que les délibérations pourroient prendre.

Passons aux moyens de rassurer l'assemblée nationale contre toute crainte à cet égard. D'abord, nous lui supposons la meilleure volonté, et nous croyons qu'elle ne balancera pas à se mettre en possession d'un pouvoir qui lui est dévolu par la raison, et par la commission des peuples. Ce n'est pas contre elle que nous avons à nous tenir en garde, mais contre les coups d'autorité, ou autres tentatives ministérielles.

Déjà mille voix semblent lui garantir, à l'envi, qu'elle ne peut être ni arrêtée, ni troublée dans sa marche, pourvu qu'elle ait soin seulement de *ne point octroyer l'impôt, avant d'avoir obtenu le redres-*

sement de ses griefs. Car il semble que pour parler des droits de la Nation , on soit réduit à cette voie détournée , et à n'oser le faire qu'en des termes empreints de servitude.

Nous convenons volontiers que retarder l'impôt est la meilleure des mesures. Mais à notre avis , en supposant même qu'il y eût un nouvel impôt à consentir , cette mesure est présentée ici mal armée , mal accompagnée , et sous une expression fausse.

1°. Pourquoi faire dépendre l'octroi, d'un prétendu redressement des griefs ? N'est-ce pas livrer la Nation et tout l'avantage de la conjoncture présente à la merci d'une promesse ? Et lors même que vos succès iroient jusqu'à obtenir , d'avance , toutes les formalités d'une loi promulguée que vous auriez dictée vous-même : qui vous garantira une attention soutenue à la faire exécuter, après votre retraite ? L'uniforme expérience des siècles ne parle-t-elle pas assez haut ?

2°. Que signifie l'expression *octroyer* l'impôt ? A qui ? La Nation doit établir un revenu public sur la connoissance qu'elle prend

prend des besoins publics ; ce n'est point à une *demande* qu'elle doit se rendre ; et qui pourroit avoir le droit de la former, cette demande ? De qui doit-elle l'attendre ? A-t-elle besoin d'un avis autre que le sien pour savoir qu'elle a des dépenses communes à faire, et qu'elles ne peuvent être acquittées qu'au moyen d'un subside réglé pour la quotité et la durée ? Qu'est-ce qu'*octroyer* ? C'est accorder. Dit-on d'un homme qui fournit à sa dépense, qu'il *octroie* ou qu'il accorde son revenu annuel aux différentes personnes dont il paye les services et les fournitures ? Ce n'est pas ici un don, un octroi de grace, encore moins une dette gratuite ; c'est un salaire de justice.

Les particuliers qui payent leur part à la contribution publique, acquittent un engagement pris par eux-mêmes ou par procureur. La Nation qui paye sa dépense fait un acte de justice. La Nation qui s'impose fait un acte de nécessité ; et elle ne doit s'en rapporter à personne sur la somme à imposer. Ainsi le mot *octroyer*, et tous ses dérivés doivent être bannis à jamais de la science politique. Qu'on ne me reproche point de m'appesantir sur **un mot**; ce **mot** peut avoir une influence réelle, et souvent il importe de s'attaquer d'abord aux expressions abusives, pour avoir plus facilement raison des abus eux-mêmes.

3°. Enfin, nous n'aimons pas davantage à entendre articuler une demande en *redressement de griefs*, qui suppose les Etats-Généraux inhabiles à faire eux-mêmes justice des griefs dont les peuples ont à se plaindre. Cette démarche, trop impolitique, seroit le signe d'une foiblesse ou d'un degré d'ignorance qui ne peuvent plus appartenir à la Nation d'aujourd'hui. Non, les Etats-Généraux ne **commettront** pas la grande faute de méconnoître leurs droits, lors même qu'il ne seroit pas encore en leur pouvoir de les garantir. Ils ne trahiront point un début si important par une négligence aussi pernicieuse. Attentifs au contraire à ne perdre aucun des avantages qui peuvent favoriser le retour au bon ordre, ils se montreront forts de toute la force dont ils peuvent déjà disposer, sans oublier que la première, peut-être, est celle des bons principes et d'une logique inébranlable.

Dans cette vue , une première déclaration pourroit émaner d'eux , conçue à-peu-près en ces termes :

« Attendu que la Nation seule a le droit
» de statuer sur l'impôt , et qu'il n'existe
» aucune de ses parties qui ne soit d'ori-
» gine ou d'extension illégales , les Etats-
» Généraux les déclarent toutes supprimées
» de droit; et cependant , à cause du temps
» nécessaire à l'assemblée pour créer un
» ordre nouveau dans cette partie des af-
» faires nationales , et aussi , afin d'éviter
» les inconvéniens qui résulteroient pour
» l'impôt futur, d'une suppression absolue
» de tous rapports entre les contribuables
» et le fisc : les Etats-Généraux statuent
» provisoirement que tous les impôts ac-
» tuels , momentanément autorisés , conti-
» nueront à être payés , mais seulement
» pendant le cours de la présente session ,
» et non après ; voulant qu'alors il n'y ait
» d'autres contributions que celles qui au-
» ront été établies par la présente assem-
» blée , avant sa première séparation ».

Voilà une déclaration claire , complette ,
dans les bons principes , et qui ne passe
point les pouvoirs des Etats - Généraux ,

même dans l'opinion des gens un peu raisonnables du parti contraire. Il est incontestable que par cette démarche, les Etats-Généraux se mettent sous la garde d'une force au-dessus de toute atteinte; qu'ils peuvent, dès ce moment, exister, délibérer, et statuer au gré de l'intérêt national, si long-temps négligé, sans avoir rien à craindre du ministre le plus osé. Il faudroit en effet qu'il fût bien aveugle, dans sa mauvaise humeur, ce ministre, pour essayer des coups d'autorité contre le corps entier des Représentans, ou contre quelqu'un de ses membres (ce qui, dans l'opinion, ne sauroit se séparer) quand il ne pourroit se dissimuler qu'il s'expose à tout bouleverser? Le moindre acte de violence, la moindre tentative capable de choquer la liberté de l'assemblée, occasionneroient des mouvemens de répulsion, dont il ne pourroit arrêter les suites qu'en la dispersant, et s'il se portoit à cette extrémité, il nécessiteroit à l'instant, et par-tout, la cessation légale de tous les impôts; il engageroit une foule de désordres, dont il ne pourroit manquer d'être la première victime.

C'est assez prouver que les États - Géné

raux , sous l'égide de la plus absolue nécessité , peuvent retarder l'établissement de
l'impôt , jusqu'à ce qu'ils ayent achevé et
consolidé tout ce qu'ils croiront devoir faire
pour la constitution nationale. Aucune espèce de dépendance ne peut se faire sentir.
Ils sont les maîtres de ne se séparer qu'au
moment, et pour le temps qu'ils jugeront
convenable. En un mot , ils sont libres ,
puisqu'on ne peut vouloir ni les vouer à
l'inaction, ni les renvoyer : ils sont libres ,
parceque leur liberté est moins dangereuse ,
moins à redouter pour le ministère , que
leur dissolution.

On imagine peut-être qu'il n'étoit pas
nécessaire aux États-Généraux de saisir ,
d'une main ferme, la totalité de l'impôt ,
et que leur liberté étoit suffisamment à
couvert de tout danger , par le seul besoin
de remplir un *déficit* immense.

Nous observerons d'abord que cette opinion, bien ou mal fondée , ne peut se présenter comme une difficulté, puisque la nécessité qui fait la sauve-garde de l'assemblée
n'aura pu qu'augmenter par la démarche que
nous avons conseillée, et que de plus, c'est
un pas certain vers les bons principes.

Mais une vue ultérieure nous force à une plus profonde méditation. Nous n'avons pris jusqu'à présent les Etats-Généraux que dans une seule supposition, celle de l'état actuel des choses. Est-on sûr que les circonstances ne peuvent changer ?... Si l'on diminuoit, si l'on faisoit disparoître le déficit !... Cet événement n'est point impossible. Il auroit déjà pu être réalisé par les moyens justes et honnêtes que prend tout particulier dérangé, lorsqu'il a de l'honneur et du sens. Si, à défaut d'énergie et de morale, le ministère tentoit, pour sortir tout d'un coup de sa position, l'expédient affreux d'une banqueroute ; s'il s'appercevoit, à la pente des esprits, que les Etats-Généraux préféreront les moyens honnêtes, à la ressource écrasante de surcharger un peuple qui paye déjà beaucoup trop, et, si voyant dès-lors qu'il n'a plus rien à perdre, il renvoyoit, il chassoit brusquement les députés nationaux, que deviendroient les espérances nationales ? Comment éviteroit-on toutes les horreurs d'une banqueroute ? Ce sujet est trop important dans la circonstance, et trop intimement lié avec le plan de cet écrit, pour ne le pas traiter avec toute l'étendue qu'il mérite.

De la banqueroute.

On seroit trop heureux , si pour attribuer à une action humaine une véritable impossibilité , il suffisoit de démontrer que cette action n'est rien moins qu'un attentat , qui réunit en lui seul, ou traîne à sa suite tous les crimes à la fois ; il seroit facile alors de rassurer la Nation contre le projet d'une banqueroute publique.

. Mais puisque l'on voit des hommes foibles qui aiment à commettre de petites iniquités , des hommes plus forts qui vivent de grandes injustices : l'homme le plus fort de tous , le visir qui tient dans ses mains corrompues , la puissance de tout un peuple , peut se créer pareillement un intérêt particulier ennemi de toute morale. Cet intérêt particulier devient un fléau public, une calamité générale.

Il n'est point d'individu, point de corps qui ne puisse ainsi séparer son intérêt particulier de l'intérêt général ; et par conséquent, se rendre injuste , criminel. La Nation seule en est incapable, car son intérêt particulier, c'est l'intérêt général lui-même. La Nation ne peut donc dans aucun cas, se rendre coupable de la banqueroute.

Mais le Ministre !.... Il l'a convoitée, il l'a projetée, il vient de la commencer sous le masque d'un emprunt forcé. Si , plus clairvoyant et plus audacieux, il finit par effacer entièrement le déficit ?...

Ce sujet a besoin d'être considéré à deux époques différentes. Avant la réunion des Etats-Généraux, la banqueroute auroit pour objet de les éloigner à jamais. Alors, il est vrai, nos méditations sur les avantages que la Nation peut retirer de cette assemblée, nous deviendroient étrangères, à moins que du sein du désordre, et des oppositions innombrables qui s'éleveroient de toutes parts, on ne vît sortir une assemblée nationale, légitime sans doute, puisque ce n'est pas la convocation, mais la procuration des peuples qui peut lui donner ce caractère....

Si au contraire, les circonstances actuelles nous mènent aux Etats-Généraux sans crise, sans secousse, en vertu de la convocation qu'on promet d'en faire, il nous paroît très-important , comme nous l'avons établi qu'ils ne perdent pas un moment à attacher leur sort à l'universalité des revenus publics. Car le Ministre , disions-nous , contrarié , fatigué , irrité d'une foule de contradictions qu'il n'avoit pas prévues , pourroit oser reprendre et exécuter brusquement le projet de la banqueroute , afin de retrouver son indépendance dans l'acte même qui vous ôteroit votre liberté, si vous n'aviez su auparavant l'établir sur une base plus solide que le besoin de remplir un *déficit* qui n'existe plus.

Dans l'hypothèse où nous nous sommes mis , les États - Généraux sont inébranlables ; ils survivent à la banqueroute ; c'est dire assez qu'ils s'y opposent ; ou plutôt l'impossibilité de les dissoudre est d'avance une caution solide que la banqueroute ne se fera pas, parce qu'il n'est plus de Ministre qui osât la tenter , en prévoyant aux peuples indignés un protecteur indépendant.

Je ne sais quelle confuse inquiétude a saisi bien des esprits. Prouvons que le Roi n'a ni le droit ni le pouvoir de faire banqueroute , et en second lieu, que les États-Généraux donneroient dans le piége le plus perfide en s'y prêtant , ou en ne s'y opposant pas.

Le Roi ne peut point faire banqueroute.

Ce n'est pas le Roi qui doit , ce n'est pas lui qui fait les fonds pour acquitter la dette ; c'est la Nation. Les richesses annuelles destinées à solder les travaux et les créances sont la production des citoyens , et par une suite naturelle , ce sont eux encore qui disposent annuellement de l'argent destiné à servir les échanges. La Nation seule a de quoi payer, et si elle n'a point intention de cesser ses paiemens et de frustrer ses créanciers , il est évident que personne n'a le droit de lui supposer une volonté contraire.

Nous concevons comment les mains intermédiaires , chargées de recevoir et de faire passer l'intérêt de la dette à sa destination, peuvent se rendre coupables d'infidélité. Le débiteur ou le créancier sera volé ; le crime sera réel ; mais il ne portera point le caractère d'une véritable banqueroute. Ne reste-t-il pas toujours un débiteur avec faculté et intention d'acquitter son engagement, et un créancier disposé à recevoir ce qui lui est dû ? Tant que ces deux termes conserveront leur rapport, il y a non-seulement impossibilité légale, mais impossibilité réelle à une banqueroute nationale. Ce n'est point à moi à manquer aux engagemens d'un autre ; de même ce n'est pas au Roi à abjurer la foi nationale. Il seroit étrange qu'on voulût lui reconnoître un droit à faire banqueroute, quand on lui refuse le droit d'emprunter et d'imposer !

Direz-vous qu'il n'en est pas moins vrai que les deniers publics se perdent en chemin ? Vous n'avez qu'à leur faire prendre une autre route. Que votre caissier vous vole ? Faites-le punir. Lorsqu'il est question de la fortune publique, on sent bien que le dépositaire ne pouvant point enlever le trésor et disparoître, des recherches bien conduites feront toujours rentrer en caisse une partie des dilapidations fiscales, et pourront assurer aux coupables un châtiment exemplaire.

*Les Etats - Généraux se perdroient & la
Nation avec eux , en se prêtant à la
banqueroute , ou en ne s'y opposant pas.*

C'est presque un crime , j'en conviens ,
de supposer un seul instant les Représentans de la Nation , capables de se prêter
à un projet dont les élémens ne peuvent
se combiner que dans une ame perverse.
Mais enfin est-il un fléau qui soit au-dessus
des savantes combinaisons du despotisme ?
Si ce danger étoit à craindre , ce seroit dans
ces commencemens où les caractères d'une
véritable représentation ne sont pas assez
connus ; où les peuples ne sentent peut-
être pas encore tout l'intérêt qu'ils ont à
ne pas se laisser guider dans le choix de
leurs Représentans ; et où les Mandataires
répandus dans les provinces peuvent exercer
sur les élections une influence prépondérante. Des Députés ainsi choisis , seroient
moins propres sans doute à résister aux
moyens nombreux de séduction avec lesquels on pourroit les tenter. Et pourroit-
on échapper à toute inquiétude à cet égard ,
si l'on devoit voir dans l'assemblée géné-

rale plutôt le produit honteux de la toute-
puissance du Ministre, que le résultat naturel et libre de la toute - confiance des
peuples ?

Cette supposition en entraîne nécessairement une autre : les États - Généraux
seroient voués à une foiblesse qui s'éten-
droit sur toute leur conduite. Difficilement
songeroient-ils à s'armer, dès le principe,
de la nécesssité des impôts, pour s'assurer
le pouvoir d'être solidement utiles à leurs
commettans. Non, tout effort pour se soustraire à l'ancienne dépendance, toute démarche honnête, tout dessein utile, de-
viennent dans cette malheureuse supposition, des actes de courage auxquels on ne
peut s'attendre.

Voulez-vous maintenant connoître les
intentions du Ministre, et pressentir ses
manœuvres, relativement à la banqueroute ?
Consultez son intérêt ; il ne faut pas réfléchir beaucoup, pour pénétrer que les
Ministres ne demandent qu'à persuader à
toutes les classes de citoyens écrasées,
ou atteintes plus ou moins directement,
par le bouleversement de tant de fortunes,
que c'est une idée abominable que d'avoir

convoqué les Etats-Généraux , que ces grandes assemblées n'ont jamais fait que du mal , et que les représentans d'une Nation en sont bien plutôt le fléau. Excellente doctrine , comme l'on voit, pour des despotes !

Par la même opération , le Ministre se met au niveau de sa dépense. Il rentre dans l'exercice de sa toute-puissance ; et s'il permet aux complaisans Députés de rester encore quelque temps assemblés , ce ne peut être que pour tirer un plus grand parti de leur présence , et d'un consentement assuré d'avance à toutes ses volontés. Que lui manquera-t-il, en effet , pour soutenir et récompenser la trahison ? Il tient librement le grand ressort de la crainte et celui de l'argent qu'il peut de nouveau répandre avec profusion.

S'il est certain que tout est à desirer pour le Ministre dans le projet d'annuller la créance publique, il est incontestable que tout est à craindre pour les États-Généraux et pour la Nation. La honte , les malheurs, la ruine de tout espoir , les actes du despotisme le plus absolu , tous les maux seront pour elle. Parcourons ces différens points-de-vue, sans nous soumettre à un ordre trop exact.

Avant de se figurer un corps de Représentans capables de trahir la confiance des peuples, en se prêtant au sinistre projet d'une banqueroute, on se demande quel seroit le prix de cette perfidie ? Pour se faire l'instrument de l'avidité et des desseins de son ennemi ; pour se porter volontairement à rendre odieux le seul moyen, ou du moins le plus paisible qui reste aux Nations de se ressaisir de leurs droits ; pour ensevelir, en quelque sorte, de ses mains, le dernier espoir, pour nous, de renaître à la liberté, il faut sans doute, s'être formé des vues particulières bien opposées à l'intérêt de tous ? Quelles peuvent être ces vues ?

Les corps, dit-on, tendent toujours à augmenter leur pouvoir. Mais les États-Généraux en dévouant à l'oppression vingt-six millions d'hommes, espéreroient-ils s'y soustraire pour leur compte ? Quel moyen de croître en force et en puissance, que de se livrer à la merci de son ennemi !

N'est-il pas visible que si les députés

cessent un seul instant de se montrer les serviles agens du despotisme ministériel, ils s'exposent à être brisés comme un roseau. Quel succès pour des ambitieux, que de rentrer dans leurs foyers, chargés de la haine nationale, avec le désespoir de n'avoir retiré de tant de bassesse, qu'un anéantissement mérité et l'opprobre qui flétrira éternellement leurs personnes et leurs noms ! Passons à une autre considération.

Il n'est que trop certain que les États-Généraux, en souscrivant à la banqueroute, nous feroient perdre à jamais l'occasion la plus favorable, et la moins coûteuse qui se soit offerte à un peuple, d'acquérir une constitution libre ; et ce point-de-vue, qui intéresse le sort politique de la Nation entière, est le plus affligeant pour les bons citoyens. C'est le plus malheureux des innombrables et funestes effets de la banqueroute. Avec elle, il faut renoncer pour toujours à nos espérances patriotiques. Vous qui prenez un vif intérêt à la liberté civile, à la condition des peuples, à la constitution nationale, qui vous flattiez de faire bientôt des progrès, en tous sens, vers

le

le bon ordre , cessez de croire à une patrie naissante ; il n'est plus de patrie , il n'est plus de liberté. Le gouffre du despotisme a tout englouti.

Il ne suffit pas de présenter la Nation comme ayant perdu tout espoir de mieux, comme forcée de se contenter du sort auquel elle s'étoit accoutumée. Sa chûte est terrible. De nouveaux malheurs, une nouvelle ignominie se préparent pour elle.

Une Nation banqueroutière ! Tel est le titre dont l'univers entier auroit droit de flétrir un peuple qui se disoit franc, généreux, et qui osoit prétendre à la liberté. Quel fruit du premier usage qu'on lui a permis d'en faire ! Semblable à un troupeau d'esclaves dégénérés et méchans , dont une occasion fortuite auroit brisé les fers ! Incertains et rapaces, indignes de la liberté que le sort leur offroit, ces malheureux ne savent que marquer leurs premiers pas , de vols , de violences, de désordres, et baisser la tête sous le fouet des commandeurs qui viennent bientôt les ramener à la chaîne accoutumée.

Les peuples créanciers ne se contenteroient pas de nous mépriser. L'Angleterre ne perd pas une occasion de nous susciter des ennemis. Elle échaufferoit, elle combineroit tous les ressentimens, et nous ne tarderions pas à être en proie aux horreurs d'une guerre que nous soutiendrions sans crédit, c'est-à-dire, avec des fonds achetés à une usure exorbitante. Après une perte d'hommes dont on se soucie peu, et la ruine d'une partie des fortunes que la banqueroute sembloit avoir respectées, la France, forcée d'implorer une paix honteuse, se trouveroit dans un nouveau désordre, avec une nouvelle dette que l'usure auroit fait monter au double de la dépense forcée.

Une nouvelle dette occasionneroit de nouveaux impôts : ce n'est pas ce que se proposent ceux qui se sentiroient disposés à acquiescer à la banqueroute. Ils ne veulent qu'éviter de nouvelles taxes. Il peut donc être utile de considérer les suites probables de la banqueroute relativement à l'impôt. Il n'est pas même besoin de la supposition d'une guerre pour nous conduire à un résultat bien différent de celui où l'on croiroit arriver.

Dans quel esprit conçoit-on que la Cour

se détermineroit à annuller ou à faire annuller la dette de l'État? Est-ce dans des
vues d'économie, ou dans le dessein d'accroître son pouvoir et ses jouissances ? De
bonne foi, pense-t-on que si le Ministre
n'a pas su se prêter à une véritable réforme, dans des momens difficiles, où tant
de motifs la sollicitoient avec force, il se
porteroit volontairement à régler sa conduite, lorsqu'en reprenant toute l'étendue
de l'autorité la plus absolue, il n'auroit
plus d'obstacle qui pût l'empêcher de se
livrer à sa passion pour les dépenses les
plus extravagantes? Seroit-il plus empressé
alors à fermer toutes les fausses portes
par où les revenus publics s'écoulent du
trésor royal ?

Suivez les effets naturels de la banqueroute sur la double source qui alimente le
fisc. Il est visible qu'il s'opérera à l'instant
un retranchement prodigieux sur tous les
genres de consommation. D'autre part, la
diminution de débit, jointe à la suppression
d'une foule de capitaux qui soutenoient les
atteliers, amènera, pendant quelque temps,
dans tous les genres de produit, un décroissement énorme. De-là par conséquent une

diminution incalculable dans toutes les parties du revenu public.

Dans cette nouvelle situation des choses, voudroit-on nous garantir que le refus de contribuer s'arrêtera à ceux qui seront réduits par la misère à l'impossibilité de payer? Le mécontentement général, la facilité de se cacher sous l'apparence d'un malheur dont on ne pourra distinguer les limites, ne suffiront-ils pas pour tarir la très-grande partie des impôts ordinaires? Quel parti le Ministère prendra-t-il alors? Il emploiera la force, il augmentera l'état militaire, il dépensera des sommes plus considérables.

Ainsi, par la diminution nécessaire dans la recette, par l'augmentation forcée dans la dépense, enfin par cette longue habitude de dissipation qu'on peut regarder comme incurable, tant que le trésor public n'appartiendra pas à la Nation, il se formera des besoins nouveaux, qui exigeront de nouveaux secours; et je le demande : en voyant, d'un côté, la Nation sans force, de l'autre, le Ministère tout puissant, est-ce trop, de prévoir que de nouveaux impôts ne tarderont pas à être établis?

Mais je veux bien, avec les esprits incapables de considérer un événement dans ses suites les plus vraisemblables dès qu'elles s'éloignent un peu de ce qu'ils sont accoutumés à rencontrer autour d'eux , je veux bien me placer dans la position la plus favorable à l'issue d'une banqueroute. Le moins qu'on puisse en souffrir , sera toujours supérieur aux inconvéniens d'une nouvelle taxe. Ce n'est pas que je croye à la nécessité d'un impôt nouveau pour éviter la banqueroute , et je m'expliquerai bientôt à ce sujet ; mais je dis que s'il falloit donner à choisir à la Nation entre les inconvéniens d'un nouveau subside et ceux de la banqueroute, elle ne devroit point balancer à adopter le subside. Et ce n'est pas seulement l'intérêt des créanciers et de tous ceux qui ont des rapports avec eux ; c'est l'intérêt de l'universalité des citoyens. Les contre-coups d'un mouvement aussi violent, le crédit anéanti , le commerce et les arts paralysés pour cinquante ans, et trois cent mille hommes sur les grands chemins , ne décident que trop pour tous, lequel de ces deux maux il vaut le mieux éviter ; ils ne démontrent que trop que de tous les moyens de remplir le *deficit*, la banqueroute seroit

E 3

le plus cher, comme le plus désastreux pour la Nation.

Nous n'avons pas examiné la banqueroute de l'État dans ses rapports avec les droits des citoyens créanciers. A qui pourroit-on apprendre qu'elle porte le caractère de la plus haute des injustices ? Malheur à celui qui ne repousseroit pas avec indignation, quiconque croiroit devoir lui prouver qu'il n'est pas permis de manquer à ses engagemens, ou qui entreprendroit de discuter froidement : si la foi publique est soumise à la même morale que la foi des particuliers.

Le tableau particulier des troubles, des douleurs, du désespoir, des calamités et des crimes, en tout genre, auxquels la misère et la rage pourroient se porter, seroit aussi très-propre à jeter une teinte d'horreur de plus, sur la seule idée d'un projet capable d'enfanter tant de maux. Mais notre objet dans cet Écrit, étoit plutôt de considérer la banqueroute dans son influence politique sur le sort de la Nation prise en masse.

Il faut à présent répondre aux difficultés, car il seroit inutile de se le dissimuler, on se permet de faire des difficultés. La banqueroute a ses partisans. Les uns prétendent que ce n'est pas la Nation qui doit, parce qu'elle n'a pas été appelée à consentir les emprunts, etc. D'autres considèrent la dette comme étant usuraire, et conseillent de revenir sur un engagement où la lésion, disent-ils, est manifeste. D'autres s'étudient à balancer les inconvéniens et les avantages d'une banqueroute, et ils se déterminent froidement pour les avantages. Enfin la plupart, effrayés de la surcharge qui menace le peuple, ne veulent rien considérer, et veulent, à tout prix, éloigner une nouvelle imposition. On doit s'appercevoir que les réflexions que nous venons de faire, paroîtroient insuffisantes à tous ceux qui se sont laissés toucher par l'une ou l'autre de ces dernières considérations. C'est donc une nécessité de répondre ; et, pour répondre à tout, il suffira d'éclaircir l'état de la question, et de montrer ses vrais rapports avec les bons principes et avec la situation présente de l'Etat. Mais nous craindrions, en plaçant ici ces développemens, de retarder beaucoup trop la marche de l'objet principal de cet Ecrit ;

il vaut mieux les renvoyer à la fin de l'Ouvrage , où le Lecteur les trouvera distri-
bués en quatre questions.

Nous terminerons ici nos Réflexions
touchant la banqueroute , en remarquant
que tout ce qui porte le caractère de
la propriété , est également sacré devant
la loi. Ma créance est à moi , l'intérêt est
mon revenu , tout comme ma terre, et la
rente que j'en retire annuellement. Point
de différence à cet égard. Personne ne peut
avoir le droit de m'enlever ni l'un ni
l'autre. La Nation elle - même , quoique
suprême législateur, ne peut m'ôter ni ma
maison , ni ma créance. En remontant aux
principes , on rencontre la garantie de la
propriété , comme le but de toute législa-
lation ; comment imaginer que le législateur puisse me la ravir ? il n'existe que
pour la protéger. Ainsi lorsque nous avons
comparé le pouvoir de faire banqueroute
à celui de consentir l'impôt , nous aurions
blessé la justice et la fin de la société,
si nous avions conclu que les États-Généraux ont le droit d'annuller le titre de co-
propriété qui appartient aux créanciers de
l'État sur l'universalité des biens du Royau-

me. Ajoutons que le législateur représente la volonté commune de la Nation, qu'il agit par des loix générales, jamais par des actes particuliers d'autorité. Il ne peut dépouiller les uns au profit des autres, et sa procuration, quelqu'étendue qu'elle soit, ne sauroit l'autoriser à écraser une classe de citoyens, pour soulager les autres.

Il est temps de quitter une supposition trop pénible. Non, les États-Généraux ne peuvent rien souffrir qui ait le moindre rapport, la moindre ressemblance avec l'indignité de parjurer la foi publique. Ils sentiront au contraire, que c'est ici le cas d'imprimer le dernier sceau à leur liberté, à leur pouvoir, et d'acquérir, dans l'opinion publique, cette prépondérance irrésistible à laquelle ils doivent tendre. Dans cette vue, il seroit à desirer qu'ils arrêtassent une déclaration conçue à-peu-près comme il suit :

« Il est constant que,

Tout emprunt public suppose, de la part
» de la Nation, deux engagemens. 1°. D'en
» payer l'intérêt annuel, et 2°. d'en opérer

» graduellement le remboursement suc-
» cessif ; »

» Que ces deux opérations ne peuvent
» s'effectuer que de l'une des trois ma-
» nières suivantes : ou 1°. par l'établisse-
» ment d'un nouvel impôt, ou 2°. par le
» changement de destination d'une partie
» de l'impôt établi, ou enfin, 3°. par l'emploi
» d'une crûe d'impôt, provenant naturel-
» lement d'un produit susceptible d'accrois-
» sement ;

» Or, par toutes ces considérations, il
» est incontestable que le pouvoir d'emprun-
» ter au nom de la Nation ne peut appar-
» tenir qu'à la Nation.

» Mais les Etats-Généraux remarquent
» que toutes les parties qui constituent la
» dette publique, que tous les emprunts,
» en particulier, faits jusqu'à ce jour, au
» nom du Roi, ont été revêtus d'un tel
» concours de toutes les formes légales
» alors existantes, qu'il étoit impossible
» aux prêteurs d'en distinguer le vice ra-
» dical ; de plus, ils considèrent que le
» besoin et le projet d'une restauration
» nationale ne sauroient s'accorder avec
» le bouleversement dans les fortunes, et les

» désordres innombrables qui résulteroient
» de la suppression de la dette publique :
» conduits par deux motifs aussi puissans ,
» les Etats - Généraux déclarent adopter la
» dette, au nom de la Nation ; ils statuent
» qu'elle sera consolidée , et qu'il sera
» pourvu, sous leurs ordres , tant au paie-
» ment des intérêts annuels , qu'au rem-
» boursement graduel qui doit toujours ac-
» compagner l'emprunt. »

C'est ainsi qu'on tranquillise les peuples,
qu'on se montre digne d'être leurs représentans, qu'on fortifie les bons principes,
qu'on prépare les citoyens à connoître leurs
droits , et le pouvoir de leur union , et
qu'on marche à son but par le chemin de
l'équité et de l'honneur. Il nous semble
qu'une pareille déclaration mériteroit sous
tous les rapports , à l'assemblée nationale,
le nom de sauveur de la chose publique.
L'intérêt, le zèle , l'amour et le dévoue-
ment qui ne demandent qu'à connoître une
patrie, prendroient leurs cours naturel vers
les États-Généraux qui deviendroient ainsi
le point de ralliement des opinions , des
sentimens, et bientôt de tout ce qui con-
court à former la véritable puissance.

Finissons cette longue digression , si l'on doit donner ce nom à un sujet qui ne tenoit que trop essentiellement au plan de cet Ouvrage , et en particulier à la question de la liberté des Etats-Généraux.

Liberté intérieure.

La question de la liberté des Etats-Généraux embrasse, outre leur indépendance extérieure , cette organisation intérieure , complette et facile , que tout corps doit avoir pour être en état de remplir ses fonctions. Sans vouloir traiter à fond cette matière , nous allons en expliquer les principaux détails ; et nous finirons cette section par dire un mot des préjugés d'opinions contre les prétendus inconvéniens des grandes assemblées délibérantes , car nous voudrions, s'il étoit possible , défendre la liberté de l'assemblée, même contre les injustices du Public.

Il seroit superflu de prouver la nécessité d'une police dans une assemblée de mille à douze cents personnes, sur-tout si l'on fait attention que la prérogative de n'être pas responsable au - dehors est essentielle aux membres d'un corps législatif, et que cette prérogative ne pourroit cependant pas subsister, s'il n'y avoit dans ce corps une sorte de tribunal établi pour faire justice. Nous adoptons, comme l'on voit, la forme d'une délibération ou d'un statut, quoique ce ne soit pas la moins pénible pour l'Auteur, toutes les fois que nos vues paroissent devoir se montrer dans ce cadre, plus claires et plus précises.

Statuts de police personnelle.

» 1°. Aucun député ne pourra être responsable au dehors de tout ce qui aura été dit ou fait dans l'assemblée.

» 2°. L'assemblée nommera parmi ses membres, trois procureurs de *police*, et un comité de *justice* composé de douze personnes.

» 3°. Les trois procureurs de police seront chargés 1°. de rappeler à l'ordre ceux qui s'en écarteront. 2°. De suspendre *provisoirement*, de la parole, celui qui se montrera réfractaire à l'ordre. 3°. De citer au comité de justice, lequel, à leur réquisition, se formera sans délai, tout membre qui aura refusé, ou différé d'obéir à la suspension provisoire de la parole ; et aussi tout membre qui commettroit dans l'assemblée un délit ou une faute graves.

» 4°. Sept membres du comité de justice, sur les douze dont il est composé, suffiront pour porter un jugement à la pluralité.

» 5°. Les fonctions du comité de justice se réduiront 1°. à punir *défimitivement* le refus de déférer à la suspension provisoire ordonnée par un procureur de police. La peine consistera dans une plus longue suspension de la parole, ou même dans la suspension de la présence à l'assemblée pendant un intervalle plus ou moins long. 2°. A juger *définitivement* aussi les autres fautes dont la peine n'ira pas jusqu'à l'*interdiction abſolue*. 3°. Quant aux Membres coupables qui auroient encouru l'interdiction absolue, ou qui mériteroient en outre d'être livrés à la justice ordinaire, pour le procès leur être fait, comme à tous autres citoyens, le comité ne jugera qu'à la *charge de l'appel.*

» 6°. L'appel sera relevé à l'assemblée générale qui prononcera *en dernier ressort,* l'interdit absolu, et, s'il y a lieu, le renvoi aux juges ordinaires.

» 7°. Comme tout Membre interdit ne sera plus censé de l'assemblée, il sera écrit à ses commettans, en leur envoyant le procès-verbal du jugement, de procéder à l'élection d'un autre député, et le Membre interdit ne sera plus éligible ».

On sent qu'il falloit marquer la limite de la justice intérieure particulière aux Membres, et indiquer clairement le point de liaison entr'elle et la justice extérieure commune à tous les citoyens.

Beaucoup de personnes penseront, et je suis fort de leur avis, que dans les premiers temps, et jusqu'à ce qu'une bonne constitution ait mis à l'abri de toute violence de la part de l'administration, il est juste d'étendre le priviáge des Députés à tous leurs propos, et à toutes leurs démarches *extérieures* qui auroient rapport aux affaires publiques.

Détails concernant les formes de l'Assemblée.

Il n'est pas moins important à l'assemblée d'employer ses premières séances à se donner l'organisation et les formes convenables aux fonctions qu'elle est appelée à exercer. Ce n'est pas qu'au fond, la législature ordinaire dût être chargée de se constituer elle-même. Le pouvoir constituant et le pouvoir constitué ne devroient point se confondre. Mais, puisque la Nation n'a pas pourvu au grand ouvrage de la constitution par une députation spéciale, il faut bien supposer que les prochains Etats-Généraux réuniront les deux pouvoirs. Au surplus, ce sujet intéressant nous mèneroit trop loin ; il mérite un mémoire à part. Contentons-nous, ici, de remarquer que l'assemblée générale devant être nécessairement dans la plus parfaite indépendance du pouvoir exécutif, elle se rendroit coupable envers la Nation, autant qu'envers la raison, de se laisser modifier par une autorité étrangère. Elle ne peut connoître que ses règlemens, et elle les observera nonobstant tous usages, arrêts du conseil, ou décisions contraires.

Un corps de Représentans ne peut admettre personne à ses délibérations, qui ne soit député, élu librement par les peuples. Les Officiers de la couronne, les ducs et pairs, les princes ne peuvent y siéger

siéger sous aucune de ces qualités. Toute influence étrangère au caractère de député, doit'y être regardée comme opposée aux loix d'une véritable représentation.

Les propositions de la part du Roi ne doivent être portées à l'assemblée que par des commissaires accrédités. Si un membre de cette assemblée ne craignoit point de revêtir la qualité de commissaire du Roi, il est visible qu'il quitteroit par-là même sa mission de représentant. Les peuples attendoient de lui son avis comme partie de la législature ; il a changé de rôle, en se faisant porteur de parole du pouvoir exécutif, et il doit être exclus des délibérations. Il est inutile sans doute d'énoncer plus particulièrement que l'assemblée ne peut vaquer à ses délibérations en présence du Roi ou de ses commissaires.

Comme aucune province n'a le droit d'en dominer une autre, il seroit ridicule que l'une d'elles y prétendît le privilége de donner un Président aux États-Généraux. On a généralement en France des préjugés singuliers sur l'importance d'un président d'assemblée. On le regarde comme étant à la tête de la besogne, comme fait pour la diriger. Une erreur aussi dangereuse vient de ce que le ministre a eu intérêt que toutes les assemblées du Royaume ne délibérassent que sous son autorité. Le ministre fait dire au Roi : qu'il tiendra, ou fera tenir *ses* États de Bretagne , *ses* États d'Artois , *son* assemblée du Clergé , *ses* États-Généraux , comme si ce n'étoient-là que des émanations de son pouvoir, ou de son conseil , ou de simples bureaux à comprendre dans le département de l'un des secrétaires d'État.

On conçoit qu'avec de pareilles idées, le gouvernement a dû regarder les présidens de ces différens corps comme des mandataires faits pour lui répondre de tout ce qui s'y passe. Bientôt tous les présidens d'assemblée ont été à sa nomination , directement ou indirectement. Ils sont devenus ses correspondans naturels. Leur influence , leur autorité se sont accrues par mille moyens. Ils ont mis la main à tout ; ils ont proposé, dirigé, gouverné. Les affaires publiques ont été leur affaire particulière convenue d'avance avec le ministre dont ils se sont fait honneur d'être les familiers.

Il faut croire que les États-Généraux

de la Nation n'adopteront point un semblable systême. Le président ou les présidens qu'ils éliront librement, ainsi que tous les autres officiers intérieurs, parmi les Membres seulement de l'assemblée, ne sortiront pas plus que les autres officiers, des fonctions qui leur seront attribuées. Celles du président consistent à recueillir les voix, suivant des formes prescrites, à prendre la parole **au nom** de l'assemblée dans les occasions ordinaires, et toutes les fois que pour une députation, par exemple, ou dans une affaire importante, il n'auroit pas été nommé un orateur *ad hoc*. Le président enfin a le soin d'expliquer l'état de la question à ceux qui paroîtroient ne l'avoir pas entenduo. S'il va au-delà ; si vous permettez que votre président, ou tout autre Membre, se fasse plus ou moins clairement l'interprète d'un pouvoir étranger, vous donne à entendre qu'il sait, à de certains égards, ce que l'assemblée ignore, ou devienne porteur de promesse de la part du ministre ; si vous souffrez que, de quelque manière que ce soit, on tente d'*influencer le débat*, comme disent les Anglois, il s'introduira parmi vous des abus de la plus dangereuse conséquence.   F 2

Vous ne devez pas souffrir non plus que votre président nomme les membres qui doivent composer les commissions auxquelles l'assemblée renverra la préparation des affaires importantes ou épineuses, ou qu'il forme de ces commissions, à volonté.

On lui accorde assez généralement le droit de départager les voix, ou la voix prépondérante, en cas de partage dans les opinions ; ce privilége est énorme ; il ne faut point en faire l'apanage d'une place. La décision dépendroit trop évidemment d'une volonté particulière. Il faut reporter, le plus que l'on peut, cette voix décisive à la volonté générale qui, si elle ne peut prononcer directement, prononcera au moins indirectement. Il appartient donc aux bons principes que l'assemblée élise la personne qui aura le droit de départager les voix, et à la bonne politique que ce ne soit pas toujours la même personne qui exerce cette fonction publique. Je propose de nommer tous les quinze jours, trois membres parmi ceux qui jouissent d'une réputation de vertu, et lorsqu'il y aura partage dans les opinions, les membres élus tireront au sort à qui restera la voix prépondérante. Mais je m'apperçois que je vais au-delà de ma tâche.

Il est vraisemblable qu'après avoir renfermé le président dans ses véritables fonctions, on trouvera moins de difficultés à se rapprocher du principe d'égalité et de prudence qui veut qu'un président des Etats-Généraux ne soit qu'hebdomadaire, et j'en dis autant de celui que chaque section, chaque bureau, chaque commission doit élire dans son sein; d'ailleurs puisqu'on ne doit souffrir aucune prééminence entre les provinces, comme entre les sections, la mesure que nous proposons ici laisse aux Etats-Généraux l'avantage de choisir les présidens alternativement dans chaque province et dans chaque section. Et qu'on ne dise point que les deux premiers Ordres ne voudront jamais être présidés par un membre du Tiers, car on ne sauroit être mieux et plus honorablement présidé que par celui que l'on choisit soi-même. Une exclusion positive n'est qu'une injure gratuite pour les personnes, et une absurdité dans les affaires.

Les disputes sur le rang et la préséance paroissent méprisables aux yeux des philosophes et des gens sensés. Il est facile néanmoins de prévoir qu'une assemblée nombreuse composée de gens fort étrangers, jusqu'ici, au grand principe de l'égalité, et qui n'ont point encore des usages accommodés à leur foiblesse, et convenus entr'eux, sera exposée à perdre un temps considérable en vaines contestations. Le moyen d'éviter ce premier obstacle aux affaires, est de nommer, par convention rapide, une commission chargée de recevoir toutes les prétentions de ce genre, de les éclaircir, et de les donner à juger en masse, à l'assemblée générale.

Pareillement, il est nécessaire de nommer dans une première séance générale, la commission bien plus importante, qui sera chargée de préparer le plan d'orgasation intérieure à donner à l'assemblée : jusqu'à ce qu'il soit arrêté, les séances ne sont que préliminaires. Ce n'est pas à dire qu'on n'y ait point le pouvoir de statuer les règlemens provisoires : de quelque manière que les voix soient données, il suffit de les recueillir, et de connoître la pluralité, pour en conclure la volonté commune, qui doit toujours faire loi.........

Puisqu'on ne peut connoître le vœu général (1) que par la pluralité, un statut, une loi quelconque doivent être l'ouvrage de la pluralité ; elle sera plus ou moins forte suivant la nature des affaires, mais ce sera toujours la pluralité, et il seroit bien étrange que l'on entreprît de rien décider à la minorité. Que faut-il donc penser des moyens employés jusqu'à ce jour pour recueillir les voix? Ils sont tels que la pluralité peut n'être qu'apparente, et la minorité y faire la loi. C'est l'inconvénient de la méthode de voter par sections.

---

(1) Je suppose chaque Député, sans distinction d'Ordres, représentant de la Nation entière ; sans quoi il ne peut y avoir de vœu général, qu'en supposant que la chambre du Tiers forme toute seule l'assemblée nationale, et délibère pour la Nation entière. Là est la loi, où est la volonté commune. Là est la volonté commune, où est la pluralité. Or, pour avoir la véritable pluralité nationale sans sortir de la chambre du Tiers, que faut-il? Régler d'avance que les délibérations n'y seront arrêtées qu'à la majorité de cinq à six voix. Cinq à six Députés du Tiers-Etat représentent plus de citoyens que les deux chambres privilégiées prises ensemble.

F 4

J'ai ouï dire que M. de Calonne , en convoquant des Notables, avoit beaucoup compté sur le vice de cette forme , pour s'assurer une majorité apparente. Il avoit distribué 144 ou 147 votans dans 7 bureaux de 21 membres chacun. La pluralité, dans le nombre total, auroit dû réunir au moins 74 voix , mais en prenant les avis par bureaux , 4 bureaux sur 7 formoient la majorité, et dans chacun de ces 4 bureaux, 11 voix pouvant suffire pour emporter l'opinion , il ne falloit que 44 voix dans un nombre de 147 votans pour avoir une apparence de pluralité.

Ce vice seroit intolérable. Il n'y a pas de considération de commodité , de facilité, d'économie du temps qui puisse l'emporter sur le danger de faire une loi sur l'avis de la minorité. L'ancienne manière de voter par gouvernemens , et dans les gouvernemens par bailliages , étoit donc détestable. Il faut absolument y remédier, parce que cet inconvénient, le plus grand de tous , peut être regardé comme annullant radicalement toutes les delibérations.

D'un autre côté , il seroit impossible

d'appeler les voix de mille à douze cents personnes, et les sections ont de grands avantages dont il ne faut pas se priver. Il est donc nécessaire de concilier les deux formes.

J'imagine que toute matière importante sera discutée, analysée et réduite à ses moindres termes dans l'assemblée générale, et qu'ensuite les votes se donneront ou se recueilleront par sections. Tout le monde aura pu profiter des lumières de tout le monde, et ceux qui n'auront osé élever la voix dans une assemblée de mille à douze cents personnes, le pourront facilement devant une trentaine d'opinans. Aucune bonne idée n'aura échappé, et les avis ne seront pas exposés au reproche d'avoir été enlevés subitement par un mouvement inopiné, ou par l'habileté de l'intrigue. Sans contredit, le moyen qui laisse aux députés toutes leurs lumières et toute leur sagesse, est le meilleur.

Mais les sections ne se formeront pas pour fondre les avis, et n'en porter qu'un par section à l'assemblée. Le président de la section A ayant recueilli les votes, dira par exemple : 18 votans ont été pour la motion , et 12 ont été contre. Les autres sections en feront autant ; et de cette manière la véritable pluralité sera connue, comme si l'on n'étoit pas sorti de la salle générale , et comme si l'universalité des votes eût été recueillie par la même personne.

Faites attention, je vous prie , que pour employer utilement cette pratique , il ne faut que trouver le moyen d'empêcher que les voix ne se perdent en autant d'opinions qu'il y auroit de sections. Aussi avons-nous dit que les questions de quelque importance doivent être présentées, discutées, analysées en présence de tous les députés, au point de les réduire presque à un oui ou un non. Ce sera le moment de se distribuer par sections. Alors cependant, si quelque intérêt nouveau, quelque vue nouvelle poussoit un bureau à vouloir présenter autrement l'état de question , on sent qu'il pourroit en communiquer par des députés avec les autres bureaux. Il arriveroit de trois choses l'une : ou un certain nombre de sections se réuniroient pour demander à discuter de nouveau la matière dans une assemblée générale ; ou bien on ne consentiroit point au vœu du bureau qui a député vers les autres ; ou bien enfin, il seroit permis, non de changer l'état de question, mais de porter un troisième avis qui consisteroit à dire qu'il n'est pas temps de délibérer.

Dans les questions ordinaires, il seroit inutile de quitter le lieu de l'assemblée générale. Il suffira de se former par pelotons, dans la salle même. On sait d'ailleurs que dans la plus grande partie des délibérations, il n'est pas nécessaire de compter les voix. Mais on sait aussi qu'aucune motion ne peut être délibérée sur le champ, s'il y a un seul réclamant. Dans toutes les affaires importantes, celui qui annonce une proposition doit la laisser par écrit, et demander jour pour la discussion.

Réponse à quelques opinions contre les grandes assemblées & contre la liberté de la parole.

Il ne suffit pas, dans cette matière, d'avoir armé l'assemblée contre les entreprises ministérielles, et contre les erreurs de son régime interne ; le Public aussi est injuste, et c'est à lui que nous adressons les ré-flexions suivantes.

D'abord on désapprouve la complication et la lenteur que les affaires paroissent prendre dans les grandes assemblées délibérantes. C'est qu'on est en France accoutumé aux décisions arbitraires qui se forment sans bruit , dans le fond des cabinets ministériels. Une question traitée en public par un grand nombre d'opinans qui tous peuvent exercer le droit de la discuter avec plus ou moins de prolixité , et qui se livrent à leurs idées , souvent avec une chaleur, un éclat étrangers au ton de la société , présente un appareil qui doit naturellement effrayer nos bons concitoyens , comme un concert d'instrumens bruyans fatigueroit, à coup sûr , l'oreille débile des malades d'un hôpital. On n'imagine pas qu'il puisse sortir un avis raisonnable d'un débat aussi libre , aussi agité ; on seroit tenté de desirer que quelqu'un qui auroit sur tout ce monde une grande supériorité , fût appelé pour mettre d'accord des gens qui , sans cela , consumeroient tout leur temps à se quereller.

Mais faut-il, quand on traite des affaires

publiques, préférer la méthode qui fait le moins de bruit, ou qui se cache, à celle qui se montre à découvert et qui réunit le mieux tous les caractères propres à conduire à la décision de l'intérêt général ? A-t-on bien songé quelle maladresse c'est en général, que d'arranger l'administration plutôt pour la commodité des gouvernans que pour l'utilité des gouvernés ? Que diroit-on d'un artiste qui ne craindroit point de sacrifier l'effet essentiel d'une machine à l'envie d'en faciliter le jeu ?

Il y a, dites-vous, bien du temps perdu dans toutes ces discussions. Qu'importe le temps, pourvu que le Public soit servi, et éclairé par de bonnes loix ? Qu'est-ce qu'une prétendue perte de temps, auprès de la plus forte probabilité qui soit donnée à l'homme de trouver ce qu'il cherche, lorsque ce qu'il cherche, intéresse essentiellement une nation ?

Dans toutes les délibérations, il y a comme un problême à résoudre, qui est de savoir dans un cas donné, ce que prescrit l'intérêt général. Quand la discussion commence, on ne peut point juger de la direction qu'elle prendra pour arriver sûrement à cette découverte. Sans doute, l'intérêt général n'est rien, s'il n'est par l'intérêt de quelqu'un ; il est celui des intérêts particuliers, qui se trouve commun au plus grand nombre des votans. De-là, la nécessité du concours des opinions. Ce qui vous paroît un mélange, une confusion propre à tout obscurcir, est un préliminaire indispensable à la lumière. Il faut laisser tous ces intérêts particuliers se presser, se heurter les uns les autres, se saisir à l'envi de la question, et la pousser, chacun suivant ses forces, vers le but qu'il se propose. Dans cette épreuve, les avis utiles, et ceux qui seroient nuisibles se séparent ; les uns tombent, les autres continuent à se mouvoir, à se balancer jusqu'à ce que, modifiés, épurés par leurs efforts réciproques, ils finissent par se concilier, par se fondre en un seul avis ; comme on voit dans l'univers physique un mouvement unique et plus puissant se composer d'une multitude de forces opposées.

Alors, j'en conviens, vous marquez avec certitude dans la foule des opinions celles qu'on auroit pu se dispenser de mettre au jour. Mais auparavant, pouviez - vous en exiler une seule du lieu où toutes ont le droit de se faire entendre, où toutes se disent fortes de leur alliance avec l'intérêt général, où toutes prétendent l'identité avec la décision inconnue vers laquelle vous tendez ? En écartant arbitrairement l'une ou l'autre, n'auriez - vous pas risqué de détourner plus ou moins cette direction finale qui porte enfin l'assemblée à son véritable but ?

Je tais une foule de critiques qui sentent trop la légèreté et l'inconsidération françoises. Certainement, si l'on suppose les grandes assemblées étrangères à tout ordre, à toute police, les inconvéniens y seront innombrables. Mais combien ne seroit-il pas déplacé de supposer que les Etats - Généraux ne sauront pas faire les réglemens convenables au bon ordre de leurs séances ?

Au surplus, nous sommes loin de vouloir répondre à tous les censeurs. Il est des reproches, il est des haines qu'il est honorable de mériter. Est-il étonnant, par exemple, qu'une assemblée où la révélation libre des fautes de l'administration sera le droit et le devoir tout à-la-fois de chaque député , effraye d'avance cette multitude d'agens intéressés aux anciens abus, et en particulier, tant de coupables à qui il a suffi souvent pour soustraire leur tête au supplice, de séduire un chef accessible à de petits intérêts ? Il n'y a que mauvaise foi dans leur hypocrite inquiétude sur la conduite des prochains États-Généraux. Ils ne veulent que semer le découragement dans les esprits; ne perdez pas votre temps à rien discuter avec ces sortes de gens : on ne les persuade point; livrez-les au fouet des événemens pour toute réponse.

Les bons patriotes doivent reconnoître avec joie que l'intérêt à la chose publique s'est répandu dans tous les ordres de citoyens, qu'il forme déjà une masse imposante. Oui, nous pouvons aujourd'hui haïr tout haut les ennemis internes de la Nation. Ce sentiment patriotique se communique rapidement, et devient comme un premier acte de justice publique.

Quant à ces hommes pusillanimes, si près d'être lâches , qui vont se décorant du titre d'esprits sages , d'hommes modérés, parce que leur ame impuissante manque d'énergie, d'énergie , pourquoi les troubler dans leur inertie morale , qu'ils voudroient presque faire honorer comme une condition de la tranquillité de l'Etat? Laissons des êtres vils, aimer mieux supporter tous les coups , que d'en repousser aucun. Il est assez naturel que des ames paralysées répugnent à tout mouvement libéral , qu'elles se sentent même, en quelque sorte , fatiguées du simple spectacle de l'honneur et de la liberté chez les autres. Laissons des individus dégénérés , nuls ; ce sont de vrais cadavres : leur place est dans le tombeau.

Les amis de la Nation n'auroient à prévenir que peu de difficultés, si cette foule de discoureurs malévoles qui se montrent avec audace , parce qu'ils appartiennent aux classes de la Société à qui le malheur des événemens semble avoir acquis le droit de tout dire , comme de tout faire , pouvoient n'être pas étrangers à toute pudeur. Il ne resteroit, peut-être , que l'inquiette et éternelle censure des vieillards , dont aucune supposition , aucune puissance ne peut nous garantir. En prolongeant les vieillards dans le temps présent, on ne les a pas moins condamnés à n'être jamais que

G

les hommes du temps pensé. Ils n'en perdront ni les sentimens ni les erreurs. Les
noms de patriotisme et de liberté n'appartiennent point à leur langue. Il est superflu
de vouloir les leur expliquer : vous ne frap-
pez que leur oreille. Les préjugés de nos
contemporains peuvent se détruire, leur
raison peut s'éclairer. Mais à la raison de
soixante ans, il n'y a pas de remède.

Toujours semblables au ridicule *Bailly*
de la comédie, les hommes affoiblis par
l'âge ne savent que prêcher la *modération*,
lorsqu'il s'agiroit de se montrer actifs et
capables. Avec leurs mille considérations
pour la chose et pour la personne, leurs
éternels égards pour tout ce qui occupe
une place ou un rang, ils finissent par
étouffer toute démarche utile, et anéantir
tout espoir de mieux.

Ne saura-t-on jamais rien faire pour les
hommes, que leur prêcher la modération,
et toujours la modération ? Est-ce là appli-
quer un remède à nos maux ? Hélas ! depuis
tant de siècles, nous sommes *modérés* et
malheureux !....

Ce n'est pas que nous voulions présenter
sous les hommes très-âgés, comme insen-

sibles aux désordres publics. Ils supportent même pour la plupart , d'entendre parler de réforme. Mais ils veulent et ne veulent pas ; ils desirent et ils n'osent condamner les ennemis publics. Si vous vous montrez dans la disposition courageuse d'attaquer les abus , ils vous conseillent , en tremblant , de n'employer au moins que des outils usés , incapables de mordre. Ils révèrent par habitude les auteurs de leurs maux , et ne se permettent à leur égard la moindre doléance qu'avec les complimens les plus lâches, les prostrations les plus avilissantes. Oui , proposez-leur de les affranchir : s'ils y consentent, ce sera à la condition de ne pas quitter une livrée qui les déshonore depuis *si long-temps* ; ils y sont accoutumés, et ils ont besoin de mourir fidèles à leur ancienne chaîne.

Mais nous qui , libres au moins par la pensée et la volonté , conservons encore le ressort originel , emprunterons-nous toujours une attitude et un langage d'esclaves !

Il faut l'espérer, ces honteux sentimens, ces futiles considérations , ces misérables plaintes cesseront de souiller l'opinion publique. Les représentans des peuples seront délivrés d'aussi dangereuses entraves. Nous aurons, et je le dis pour l'honneur de la Nation, nous aurons quelquefois dans son assemblée, le spectacle de ces vertueuses indignations qui, en poursuivant de grands abus, franchissent sans crainte les limites que la foiblesse, bien plus qu'une prétendue sagesse, a osé marquer au courage.

Ces traits d'honneur et d'esprit publics deviendront communs, malgré l'improbation des esprits faux, malgré l'opposition des ames perverses, et malgré la dangereuse présence des délateurs, dont l'oreille perfide ne s'ouvre au discours de l'homme vertueux que dans l'espoir d'une dénonciation à faire ; lâches ambitieux, toujours prêts, toujours prompts à se créer en secret, d'un honteux service, un nouveau titre aux honneurs, aux places et aux pensions qu'on verse sur ces infâmes, avec d'autant plus de profusion, qu'ils se montrent plus coupables.

Revenons au Public, qui, quelquefois confondant toutes les idées, et joignant l'aveuglement à l'injustice de ses censures, a été jusqu'à blâmer les auteurs des opinions qu'il nomme hardies, et a paru, chose honteuse ! consentir au danger qu'ils ont couru , à la peine que le despotisme leur a infligée.

Raisonnons froidement. Quelqu'ardentes, quelqu'indiscrètes que puissent paroître les opinions particulières , pourquoi ne pas faire attention qu'il en est d'elles , dans un corps délibérant, comme de toutes les idées, de toutes les velléités plus ou moins fugitives qui précèdent dans l'individu , sa décision sur une affaire importante ? Que deviendroit, je ne dis pas l'homme étourdi dans ses pensées, mais l'homme le plus sage , s'il falloit lui imputer les extravagances , les idées injurieuses, disons mieux, les bonnes iniquités qui lui passent quelquefois par la tête , avant qu'il s'arrête à une détermination digne d'un esprit sensé , et d'un cœur honnête ?

Eh bien ! cette foule de mouvemens , aussi multipliés qu'inappréciables, qui agitent en tout sens , les fibres du cerveau dans un seul individu , sont l'image des avis particuliers dans une assemblée délibérante. Les uns et les autres sont les matériaux de la délibération, les élémens dont elle se compose, les préliminaires du jugement ;

ils offrent les motifs qui concourent à déterminer cette dernière combinaison de l'esprit et de la volonté, qui constitue ce qu'on appelle un *parti pris*.

Une assemblée ne formeroit jamais un vœu commun sans les opinions particulières qui le préparent, et dont il se forme ; mais une fois la détermination arrêtée, tout ce qu'il y a d'inutile ou de dangereux dans les opinions préalables, doit tomber avec elles. L'assemblée ne connoît et ne répond que de son ouvrage, et son ouvrage n'est que la commune décision.

Si les pensées qui ont servi à la détermination de l'individu restent à son gré dans le secret impénétrable du cerveau, tandis que dans un corps collectif, les avis qui ont excité et préparé son jugement sont nécessairement voués à la publicité ; je ne vois dans cette différence, qu'une raison de plus de regarder les opinions dans une assemblée, comme inhabiles à compromettre leurs auteurs. Il doit y avoir pour toutes un droit d'asyle, sacré et inviolable, attaché au lieu où elles ont eu un moment nécessaire d'existence.

Au surplus, cette publicité si mal jugée,

est rarement la cause d'un peu de mal ,
et presque toujours la source d'une infini-
té de biens ; vérité qu'il seroit aisé de
rendre sensible , si nous pouvions dire
tout ce qui se présente.

Mais lors même qu'il y auroit un peu
d'inconvénient à la hardiesse de quelques
opinions , ce n'est point au Public à la
traiter avec tant de sévérité. S'il entend
ses intérêts , il protégera , au contraire ,
et il encouragera une liberté de parole
que tant de motifs peuvent engager à ne
pas exercer avec courage. Car c'est alors
la chose publique qui en souffre , tandis
que ses seuls ennemis en profitent.

Aller jusqu'à punir un votant pour son
avis quel qu'il soit , est une barbarie.
Ce seroit dans la loi une contradiction
absurde ; c'est dans le pouvoir armé un
acte de tyrannie horrible. La liberté la
plus entière est le droit inné , inatta-
quable , et sacré de tout membre opinant
dans un corps législatif. La licence ou
l'excès ne commence qu'au moment où
l'ordre intérieur de l'assemblée pourroit
en souffrir , et nous avons vu que dans

tous les cas de cette espèce , elle pouvoit et devoit suffire à sa police.

Il est temps de conclure , conformément au titre de cette seconde section , que les Etats - Généraux , en commençant par se mettre sous la garde de la totalité des impôts , peuvent ensuite , s'ils le veulent, délibérer et statuer avec la liberté la plus entière , tout ce qu'ils jugeront utile à la Nation. Puisque nous n'avons pas entrepris d'examiner en quoi consistent ces loix utiles qui conviendroient si bien à la Nation dans les circonstances présentes , il nous faut suivre notre marche. Examinons dans la section suivante , si les peuples sont condamnés à ne jamais retirer qu'un avantage passager des meilleures occasions, ou s'il est possible pour cette fois , que les Etats-Généraux fassent jouir la France de fruits solides et permanens.

TROISIÈME SECTION.

Les Etats - Généraux peuvent rendre permanent & indépendant le résultat de leurs délibérations.

L'ORDRE est rétabli dans les finances. Le Ministre, soulagé du poids de la nécessité, n'a plus besoin de se contenir. L'Assemblée nationale s'est séparée. Quel sera le sort de tous ceux de ses statuts qui ont déplu au pouvoir exécutif ! Les Représentans des Peuples auront-ils songé à prévenir le malheur de voir, après leur retraite, s'évanouir le fruit de leur zèle, et l'espoir de la Nation ?

Si nous parlions d'une société bien constituée, ces craintes seroient chimériques. Pour donner toute la solidité et l'autorité nécessaires aux loix, il suffit au législateur d'en confier l'exécution à l'établissement public : c'est que dans une société bien ordonnée, l'établissement public est organisé de manière que nécessairement attentif à ses devoirs, il est dans l'impossibilité de tourner jamais sa force contre l'intérêt de ses Commettans. Nous ne sommes pas dans cette heureuse position; et puisque nous vivons dans un ordre politique où rien n'est à sa place, il faut bien, avec le plus profond regret de ne pouvoir faire servir le grand instrument public à son véritable usage, chercher un autre moyen pour consolider les statuts de la véritable législature.

J'ai le droit de supposer ici que pendant que les États-Généraux, sous la sauvegarde de la nécessité, délibéroient librement et arrêtoient sans crainte comme sans danger, toutes les loix qu'ils jugeoient nécessaires à l'intérêt des peuples, ils n'ont pas manqué de donner à la France une *constitution*. Il seroit, en effet, inconcevable qu'ils n'eussent pas senti que c'est par-là qu'il falloit commencer, et qu'une constitution est l'unique base de toute réforme, de tout ordre, de tout bien.

Ma première réponse sera donc de dire : que pendant l'intervalle des assemblées nationales, la constitution établie veillera sur les loix qui en sont émanées; qu'elle les maintiendra par sa seule présence, et même qu'elle garantira à la Nation la réunion périodique de ses représentans.

Mais cette constitution que nous faisons caution des statuts nationaux, qui la garantira elle-même? Il est temps de répondre : *la nouvelle loi de l'impôt*. Nous ne parlons pas seulement de la loi qui limiteroit à de courts termes l'octroi des subsides. Nous verrons bientôt que ce moyen n'emporte pas, avec lui, une suffisante garantie, dans l'état où sont les choses. Nous voulons parler d'une loi de l'impôt qui seroit elle-même constitutionnelle; et pour en donner une idée générale avant les développemens qui vont suivre, nous disons qu'il s'agit de bien distinguer toutes les parties intégrantes de la constitution, et de charger chacune d'elles d'une fonction relative à l'impôt, de sorte que la constitution et l'impôt s'embrassent étroitement dans tous leurs points, et ne puissent jamais être séparés. Alors, il est certain que toutes les parties de notre constitution jouiront de l'existence la plus ferme, et de l'autorité la plus active. Car si le seul pouvoir qui soit à redouter, ne peut se passer d'impôt, il faudra bien qu'il respecte la loi constitutionnelle, en vertu de laquelle il sera levé.

Afin d'éclaircir cette question, il faut nous occuper séparément du travail de l'assemblée concernant l'impôt, et de celui qui aura été relatif à la constitution, sans oublier que notre objet ne peut être de traiter ces matières à fond, mais seulement de suivre la marche des Etats-Génèraux dans celles de leurs opérations qui doivent attacher à leur première tenue, le sceau d'une grande et solide utilité, et le mérite d'avoir posé les fondemens inébranlables de la liberté, et de la régénération de la France.

Marche du travail concernant les Finances.

Il est visible que ce travail n'a dû avoir sa conclusion certaine qu'à la dernière séance de l'assemblée. Le vote des subsides n'a pu être que la dernière opération. Mais l'instruction préparatoire et tous les détails d'un ordre à établir dans cette partie, font supposer que les Etats-Généraux ont commencé à s'en occuper dès les premiers jours. Peu importe la manière dont ce travail aura été conçu et suivi, pourvu qu'on se soit pénétré de bonne heure, de la double nécessité de régler la dépense, et de se saisir de la recette. Pour fixer nos idées, il faut supposer que les Etats-Généraux auront nommé trois commissions bien distinctes, bien séparées.

La première aura été chargée d'examiner, de vérifier *les comptes*, et de présenter un état fidèle de la recette et de la dépense dans leur état actuel.

Le travail de la seconde commission aura eu pour objet de dresser un état spéculatif, mais complet, de *la dépense* nécessaire dans un pays comme la France, sans avoir égard à ce qui s'est pratiqué jusqu'à ce jour. Les parties de l'établissement public seront réduites, dans ce plan, à leur nombre essentiel, et chaque partie à sa juste mesure; enfin les frais y seront estimés avec économie. On trouvera dans la Capitale assez de lumières pour remplir parfaitement ce triple objet, et l'on sent bien que la commission sera autorisée à interroger et consulter qui bon lui semblera, dans toutes les classes de l'administration, et parmi les simples citoyens.

La troisième commission aura été nommée pour former le tableau spéculatif d'*un impôt* assis suivant la méthode la plus équitable pour les contribuables, et la moins nuisible à la prospérité nationale.

S'il est bon que les États-Généraux puissent se reposer sur des commissions tirées de leur sein, du soin de préparer la matière de leurs délibérations, il n'est pas moins certain que cette méthode doit être soumise à des règles invariables et bien connues. Ainsi, on ne perdra pas de vue que le travail des Commissaires et des bureaux se borne à examiner, et éclaircir la matière, à former un projet d'avis, et rapporter le tout, de la manière la plus instructive, à l'assemblée, à laquelle seule il appartient de juger et de décider.

Quelque respectable que soit le jugement des commissaires particuliers, leur parole seule ne doit pas être un motif de décision pour les autres députés. C'est aux États-Généraux, en corps, que les peuples ont donné leur confiance, et non à quelques membres seulement. L'assemblée ne peut ni statuer, ni délibérer, ni s'instruire par délégation. La voix délibérative ne peut, dans aucun cas, se détacher de la représentation générale.

C'est donc le droit, et le devoir de tous ceux qui la composent, de s'éclairer personnellement sur chaque sujet de délibération, de manière qu'ils puissent donner leur avis avec entière connoissance de cause. Les commissions sont faites pour aider, pour faciliter ce travail particulier, et non pour en dispenser. Et qu'on ne pense pas que ces réfléxions étoient trop simples pour avoir besoin d'être énoncées. Il sera plus d'une fois nécessaire de rappeler l'assemblée au principe fondamental et si fécond, que le pouvoir législatif ne peut point être subdélégué, et qu'il appartient d'une manière inaliénable et intransmissible au corps des représentans.

Dans le cours ordinaire des délibérations, le rapport d'une commission qui s'est portée avec zèle au travail dont on l'a chargée, suffit pour éclairer la généralité des votans. Il n'en est pas de même dans quelques affaires plus compliquées:

tel est, par exemple, l'état actuel des finances, dont les preuves supposent un grand nombre de pièces justificatives. Quelque parfait que soit le rapport de la commission des comptes, la première des trois que nous venons de citer, il faut encore avoir les preuves sous les yeux. C'est pourquoi nous observons que cette commission doit avoir. reçu l'ordre spécial de diviser son ouvrage en autant de parties qu'il sera possible d'en examiner et vérifier separément et complettement, et chaque fois qu'elle aura un rapport partiel à faire à l'assemblée, de déposer auparavant au greffe toutes les pièces de conviction, pour l'instruction particulière des Membres qui voudront les examiner plus attentivement. On sent assez la grande importance d'une pareille méthode, sans qu'il soit nécessaire de déduire ici, les raisons qui doivent la faire adopter.

Cependant l'assemblée écoutera les différentes parties du rapport des comptes, sans se permettre aucune délibération qui touche au fond de la matière, qu'après qu'il n'y aura plus rien à lui apprendre à cet égard. C'est dans les mêmes dispositions qu'elle
entendra

entendra le rapport des deux autres commissions des finances.

Alors, il nous semble qu'avant de passer
outre, il est intéressant de nommer une
quatrième commission qu'on chargera de
prendre en considération les trois rapports
des comptes, des dépenses, et de l'impôt.
De ces trois tableaux étudiés, rapprochés,
et comparés, on sent qu'il doit sortir des
résultats lumineux et infiniment utiles. Aussi
cette quatrième commission, conciliant le
fait et le droit, saura composer un système
complet de recette et de dépense, convenable à la rigueur des circonstances, et
propre à être présenté à la délibération de
l'assemblée générale.

Je n'ignore pas que le Ministère, de son
côté, a déjà fait travailler à un nouveau
plan des finances ; je sais qu'il se propose
de l'offrir lui-même aux Etats-Généraux,
d'exciter leur attention et leur consentement. Ce sera, certes, un spectacle ré-
jouissant, de voir l'Administration, qui n'a
sçu, jusqu'à présent, que ruiner et détruire ;
qui, après avoir détraqué la machine politique, s'y est tellement enchevêtrée, qu'il
lui a fallu, bien malgré elle, assurément,

appeler à son secours les représentans de la Nation, comme la seule puissance capable de remédier au désordre : ce sera, dis-je, un spectacle bizarre que de voir cette Administration se présenter hardiment avec la prétention de protéger les États-Généraux de ses lumières, de leur servir de guide et de précepteur, et de les instruire paternellement dans l'art de la justice et du bon ordre.

Il faut espérer que l'élite de la Nation saura traiter cette ridicule présomption, comme elle le mérite, et elle n'en sera que plus ferme et plus attentive à faire elle-même son devoir, en ne confiant qu'à ses commissions le soin préliminaire de dépouiller et préparer les matériaux. Quel sujet d'étonnement et de scandale ce seroit pour les peuples, si leurs représentans alloient se soustraire à la charge qui leur aura été commise, pour l'abandonner à la bonne volonté, et aux lumières des Ministres ? Mais une telle supposition est sans doute chimérique.

Après que les États-Généraux éclairés, déjà, par les rapports des trois premières commissions des finances, auront été de nouveau rappelés à cet important objet par le rapport de la commission *concilia-toire*, et après avoir d'ailleurs rempli toutes leurs vues concernant la constitution, etc... ils s'attacheront à régler en détail tous les objets partiels de la dépense publique ; ils assigneront à chacun de ces objets la quotité de revenus qui doit lui appartenir ; par cette voie, ils connoîtront, enfin, la somme totale qui doit être établie par l'impôt. Il est impossible que cette méthode toute simple et la seule équitable, de régler la quotité générale des contributions, les porte au-delà de l'énorme subside que les peuples payent aujourd'hui.

La hauteur du revenu public une fois connue, il s'agira de l'imposer sous la loi de l'équité distributive, et de la prospérité nationale. Mais on conçoit que ce n'est ni dans un jour, ni dans une première tenue, que les États-Généraux pourront réformer les impôts mal assis, et les reporter sur leurs véritables bases. L'opinion publique doit précéder, à cet égard, de trop grands changemens. Et c'est, pour le dire en passant, une raison de plus d'abolir tous les obstacles qui s'opposent à la communication des lumières.

Cependant quelles que soient les sources où l'on puisera les différentes parties du revenu national, avant ou après l'établissement d'un meilleur ordre, ce n'est jamais que par une longue suite d'opérations, que les sommes qui le composeront, pourront être *réparties*, *levées* et *distribuées* à leur destination finale. Tel est l'enchaînement d'opérations que nous proposons d'attacher inséparablement à l'échelle hiérarchique de la constitution. Avant d'offrir le tableau de cette liaison intime, voyons comment on peut supposer que les États-Généraux se seront conduits, pour donner une constitution à la France.

Des délibérations de l'Assemblée concernant la constitution.

Et d'abord, qu'est-ce qu'une constitution ? Car, s'il n'entre point dans mon plan de traiter ce sujet, au moins faut-il chercher à se bien entendre sur la véritable signification des termes.

Toute association humaine , avons-nous dit plus haut , doit avoir un but commun , et des fonctions publiques ; et il faut détacher de la grande masse des citoyens une certaine quantité d'associés pour exercer ces fonctions. Plus une société avance dans les arts de la production et du commerce , plus on s'apperçoit que les travaux relatifs à la chose publique doivent , ainsi que les travaux particuliers , s'exécuter moins chèrement et avec plus d'effet , par des hommes qui en font leur état exclusif. Cette vérité est connue.

Le salaire de ces agens ou administrateurs , et en général toute la dépense de la chose publique est défrayée par la contribution annuelle. Ainsi , il faut considérer les citoyens contribuables comme les Actionnaires de la grande entreprise sociale ; ils en font les fonds , ils en sont les maîtres , et c'est pour eux qu'elle existe , qu'elle est en activité , c'est à eux d'en recueillir tous les avantages.

Si les mandataires agens sont abandonnés à eux-mêmes , s'ils ne sont point comptables , s'ils peuvent se soustraire à leur dépendance du corps des actionnaires , ils

H 3

ne manqueront pas de se faire un intérêt à part, un intérêt qui vivra aux dépens de l'intérêt général ; ils seront les maîtres.

Alors on verra ce qui est arrivé presque par-tout : les fonctions publiques cesser d'être regardées comme un devoir, et devenir un droit : le pouvoir et l'autorité confiés aux administrateurs, cesser d'être considérés comme une commission, et devenir une prérogative, une propriété.

Alors, le corps politique est désorganisé ; il est mort. Il n'y a plus d'association, plus de société ; ces termes, par le sens même qui leur est inhérent, ne représentent plus l'état de choses ; *societas quia inter socios*. Dès que les citoyens ne sont plus des associés, ils cessent d'être des citoyens ; il faut changer de langage ; et puisqu'il est impossible de distinguer rien de social entre quelques maîtres et une foule d'esclaves occupés à les servir et à forger leurs propres fers ; puisqu'il n'est plus que domination d'un côté, asservissement de l'autre : ces sortes d'aggrégations humaines doivent renoncer au nom de société, et prendre celui de servitude politique.

Il suit de-là que le premier soin de toute association doit être, en formant son établissement public, d l'organiser, de manière que toujours habile à marcher au but. pour lequel il est créé, il ne puisse s'en dispenser, et qu'il ne puisse sur-tout jamais se détourner de son chemin pour attaquer ses commettans avec les armes qui ne lui ont été confiées que pour leur utilité. Voilà déjà une partie de la constitution sociale. C'est la constitution ou l'organisation du pouvoir *actif*; il reste à indiquer celle du pouvoir *législatif*.

Les Agens et les Législateurs ne doivent pas plus être confondus dans le corps politique que la tête et les mains ne le sont dans le corps individuel. Si celui qui veille à l'exécution de la loi pouvoit aussi la faire, il la feroit conforme à son intérêt particulier. Les citoyens resteroient sans défense, et la société dégénéreroit en servitude.

De même, si celui qui fait la loi peut, quoique n'ayant rien de commun avec le pouvoir actif, se composer d'ailleurs un intérêt distinct de l'intérêt commun du grand corps des citoyens, l'ordre est également dérangé , et il n'y aura bientôt plus que des despotes et des esclaves.

Il faut donc aussi que la législature soit constituée , de manière qu'elle ne puisse jamais avoir des intentions contraires à l'intérêt général des associés , et c'est précisément cette organisation qui forme l'autre partie et la plus importante de la constitution politique , savoir : *la constitution législative.*

Il est peu de personnes en état de réfléchir sur le méchanisme social , qui ne sachent que la législature d'une très-petite société doit être exercée par le corps lui-même des actionnaires de la chose publique , et dans une nation nombreuse , par un corps de procureurs fondés ou de représentans choisis librement pour un temps fort court , et dont les pouvoirs soient toujours révocables à la volonté des commettans. Mais nous aurons occasion plus bas de revenir sur ce sujet.

Nous avons toujours le droit, en vertu de notre plan , de supposer que les États-Généraux ne se sont point écartés des principes du véritable ordre social. Ils représentent la Nation ; ils peuvent , pour l'objet de leur mission , tout ce qu'elle peut elle-même ; c'est donc aux États - Généraux à consulter la fin suprême de toute société , et à ordonner à ce but unique, les deux parties essentielles de la constitution générale.

Cependant ne nous aveuglons point : toutes les branches de la constitution active ne sont pas également faciles à saisir. Toutes ne souffriront pas qu'on veuille leur donner une organisation et une vie nationales. Mais si l'ordre constitutionel ne peut être établi dans sa totalité, au moins faut - il ne rien négliger, et avancer suivant l'occasion.

Si je ne me trompe , les corps qui exercent le pouvoir judiciaire ne demandent pas mieux que de se rapprocher d'une institution légale , et de recevoir des mains de la Nation elle-même le véritable titre à· leurs importantes fonctions. C'est leur intérêt comme le nôtre.

Lorsque la Nation étoit privée de ses droits , le despotisme auroit tout envahi sans retour , si la résistance ne se fût trouvée quelque part. Où pouvoit-elle se placer? Dans un corps créé exprès , pour balancer le pouvoir arbitraire ? Mais ne voit-on pas qu'un corps établi seulement pour résister, auroit été bientôt anéanti. Le systême des contreforces , déjà vicieux par lui-même , devient presque ridicule, quand on n'attache pas à chaque poids de la balance une nécessité de durée tirée d'ailleurs , et telle qu'il soit impossible de l'écarter tout-à-fait. C'est le cas où le pouvoir judiciaire s'est trouvé en France ; et à défaut de constitution , nous sommes trop heureux que les Parlemens ayent opposé une dernière digue au cours dévastateur d'un pouvoir exécutif illimité.

A l'avenir, la Nation exercera elle-même tous ses droits, droits qu'elle confie à ses représentans , et que ses représentans ne peuvent confier à personne. Ce qui n'empêche pas qu'en leur absence , tout citoyen, tout corps , tout homme ne soit tenu au devoir d'empêcher toute usurpation , autant qu'il lui est possible.

Les Parlemens seront rendus à leurs fonctions judiciaires , trop heureux sans doute d'avoir puissamment concouru à amener une situation politique , où la Patrie n'a plus besoin que de leur zèle ordinaire.

Ils deviendront ce qu'ils doivent être , des corps de fondation nationale , indépendans de toute autre autorité ; car il est trop évident que les juges chargés de dire la loi aux citoyens , n'ont de relation de dépendance qu'avec le législateur. Avec le temps , et le secours de toutes les lumières, les États - Généraux adopteront le jugement *par les Pairs* , ils donneront à toute la France un nouveau code civil et criminel, et les grands juges recevront enfin avec le pouvoir de faire exécuter les loix , des loix plus dignes d'être exécutées chez un peuple civilisé.

Mais , et ceci est digne de remarque , quoique les Cours souveraines n'ayent plus besoin de sortir de leurs fonctions judiciaires , il n'en est pas moins vrai que dans cet exercice-là même , il se conserve entr'elles et la législature nationale , une relation particulière ; ce pouvoir de faire justice , est encore, politiquement vu, le pouvoir de résister , au moins indirectement , à tout excès de la part des corps qui exercent les autres fonctions du pouvoir exécutif. Car , je le demande , une attention soutenue à faire pendre le premier agent qui s'aviseroit d'exécuter un ordre arbitraire , ou qui entreprendroit de lever un denier illégal , ne vaut-elle pas bien une résistance indirecte ? Or, pour qu'un acte soit illégal ou arbitraire, pour que ce soit un vrai délit punissable , il suffit qu'il attaque un citoyen dans sa propriété personnelle ou réelle , sans être avoué par la loi. On voit que sous ce point-de-vue, le zèle des juges à remplir courageusement leur devoir , intéresse infiniment l'Assemblée nationale.

Le corps judiciaire ne pourra être parfaitement constitué que quand on aura simplifié les rapports qui lient les citoyens, que quand on aura simplifié les loix et perfectionné la procédure. Il sera temps alors de choisir telle forme qui sera jugée convenable pour rendre la justice. En attendant, ce sera un grand pas de fait par les États - Généraux, que de constater solemnellement la véritable origine du pouvoir judiciel, et d'exercer le droit de confier eux-mêmes ce pouvoir à toutes les Cours souveraines du Royaume.

Enfin, cette partie de la force publique qui est chargée de l'exécution des arrêts et sentences , pourra sans délai recevoir une constitution légale. Ce dernier point est très-important.

Outre cette grande occasion qui semble s'offrir d'elle-même , on trouvera dans le plan d'un pouvoir exécutif complet et bien ordonné , des parties qui ne sont pas encore établies en France , ou dont les fragmens épars ne forment point un systême. Telle est d'abord l'instruction publique , moyen puissant et essentiel de prospérité , de liberté , de perfectionnement et de bonheur.

Le vide de l'instruction publique est trop sensible dans l'ordre des grands besoins nationaux , pour que les États-Généraux ne se hâtent pas de s'en occuper efficacement dans une de leurs premières tenues. Ce que je propose ici est de traiter cette partie du pouvoir actif avec l'intention de le ramener à la constitution. Si cette importante branche de l'administration , sur laquelle le Ministère daigne à peine jeter un regard indifférent, venoit à tenir son existence et sa constitution du véritable législateur , un court intervalle de temps suffiroit pour créer des hommes , et pour qu'un état social, tel que les siècles l'ont à peine ébauché, que les méditations du philosophe même ne le prévoient que dans un éloignement indéfini, devînt le partage heureux des générations qui doivent nous succéder immédiatement.

Parmi les autres parties de l'établissement actif, il en est qui dans une activité apparente, sont néanmoins ou étrangères ou insuffisantes à leur destination. La police des campagnes, l'authenticité des actes civils, la surintendance du territoire, diverses autres fonctions d'une autorité vraiment tutélaire et adjutrice, sont encore à naître, ou sont bien éloignées du bon état où elles devroient être parvenues chez un peuple civilisé.

Le Ministère ne s'est jamais occupé sérieusement de la chose publique dans ses véritables relations. L'impôt, la cour et la guerre l'ont constamment absorbé. Il est bien temps sans doute de prendre en considération les affaires publiques dans leurs rapports avec l'intérêt des peuples. C'est aux États-Généraux à ordonner, sous ce point-de-vue, une nouvelle administration, afin que l'autorité ministérielle reste de plus en plus étrangère aux affaires nationales, qui lui ont paru si peu dignes de ses vues et de son intérêt.

Ainsi, on verra les diverses parties de la constitution active s'élever peu-à-peu sur une base nationale, et dans l'indépendance du seul pouvoir qui peut mettre des obstacles à notre liberté. Ce pouvoir lui-même ne sera pas toujours étranger à l'ordre constitutionnel. Tôt ou tard il sera perfectionné et dirigé , comme toutes les autres parties de l'établissement public, à la grande fin de l'union sociale. Ah! si ceux qui le retiennent, comme une propriété , pouvoient connoître leur véritable intérêt ,avec quel empressement ils invoqueroient eux-mêmes une existence constitutionnelle !

Mais occupons-nous de ce qui doit nous intéresser, par-dessus tout , dans ce moment. L'autre branche de la constitution générale, avons-nous dit , est la constitution *législative* , qui , dans l'ordre des besoins et des droits de toute société politique, est le premier et le plus important, et qui, pour la France en particulier , est encore dans la circonstance présente, l'unique ressource et l'unique garant de sa restauration.

Il est prouvé que la législature nationale ne peut être exercée que par un corps de représentans. Il ne s'agit donc que d'établir une bonne *représentation* nationale pour avoir une bonne *constitution* législative.

A commencer par la *base* de la représentation, les États-Généraux auront senti qu'on ne peut la prendre ailleurs que dans la totalité des paroisses. J'entends autour de moi, se former une opinion dangereuse sur les assemblées municipales des campagnes. On veut les regarder comme incapables de faire le travail qu'on leur demande, et il semble qu'on seroit enchanté de trouver des raisons pour les supprimer. Si ce travail paroît au-dessus de leurs forces, c'est la faute de ceux qui le leur ont commandé, et sur-tout des vues d'après lesquelles ces municipalités ont été constituées. On doit les réformer, les perfectionner, et non les supprimer ; car si vous renversez les fondemens de l'édifice, comment voulez-vous le soutenir ? Quelque nombreuses que vous supposiez vos assemblées provinciales, ou vos pays d'États, et toutes leurs affiliations, quand même vous

rapprocheriez

rapprocheriez de plus en plus leurs formes de celles d'une bonne représentation, si tout cela n'est pas l'ouvrage libre des élections paroissiales, vous n'aurez jamais qu'une chaîne d'émanations ministérielles suspendues à la volonté d'un seul, au-lieu d'une procuration des peuples.

Je suppose donc que les États - Généraux auront indiqué pour toutes les paroisses la *forme* la plus commode de tenir l'assemblée qu'on peut appeler *fondamentale ;* on aura déterminé les conditions auxquelles on pourra être *électeur* et *éligible ,* et l'on se souviendra que tant qu'un citoyen fait partie de la constitution active, il ne peut influer dans la constitution législative. Enfin le *bureau municipal* élu pour la gestion particulière des affaires intérieures de la paroisse, connoîtra l'étendue et les limites de ses fonctions.

On sait qu'il faut plus ou moins de *degrés* de représentation , suivant que la Nation est plus ou moins nombreuse. Dans une peuplade composée de peu de citoyens , ils peuvent eux - mêmes former l'assemblée législative. Il n'y a point là de représentation, c'est la chose même.

Si nous supposons une confédération de cinquante à cent paroisses, leur législature commune pourra être au premier degré de représentation , parce que les paroisses nommeront des Députés dont la réunion fera le corps législatif du pays.

Si au-lieu de cent paroisses , nous en supposons deux mille , le corps législatif ne pourra être qu'au second degré de représentation ; c'est-à-dire , que les Députés paroissiaux , au-lieu de se réunir pour décider les affaires, n'auront procuration que de nommer les représentans législatifs, sauf à leur donner telles instructions qu'ils jugeront à propos. Dans ce cas , les Députés paroissiaux auront pu se réunir par arrondissemens de quarante paroisses ou environ , afin que cinquante arrondissemens de cette force , embrassant la généralité des paroisses , puissent nommer la députation législative.

Augmentons le nombre des paroisses jusqu'à quarante mille , la représentation législative ne sera reculée que d'un degré , des peuples premiers commettans. On peut supposer que les Députés paroissiaux s'assembleront par arrondissemens de vingt paroisses, que quarante arrondissemens de cette force formeront une province, et que cinquante provinces embrassant la totalité des paroisses, nommeront la législature nationale, qui sera par conséquent au troisième degré de représentation.

Nous ne conseillerons jamais de multiplier davantage ces degrés. Toute législature a continuellement besoin d'être rafraîchie par l'esprit démocratique; il ne faut donc pas qu'elle soit placée à une trop grande distance des premiers commettans. Puisque la représentation est faite pour les représentés, on doit éviter que la volonté générale ne se perde, à travers un grand nombre d'intermédiaires, dans un funeste aristocracisme.

. Nous venons d'indiquer la *division* territoriale (1) en parlant des degrés de repré-

---

(1) Mille et mille raisons font sentir la nécessité de soumettre la superficie de la France à une nouvelle division, sans égard aux anciennes limites des Provinces et des Bailliages..... Qui pourroit l'empêcher, les priviléges des Provinces ? ce seroit une raison d'en proscrire l'abus avec éclat. Mais, pour répondre plus doucement, on doit prévoir que les priviléges locaux

sentation. Nous avons eu déjà occasion de dire un mot de la *dépendance* où les députés doivent être de leurs commettans.

---

ne feront bientôt plus obstacle à rien. Lorsque toutes les Provinces auront recouvré des droits supérieurs à tous les priviléges qui les distinguent, quel intérêt auroient-elles à conserver des différences sans objet ? L'utilité prétendue de garder les anciens ressorts des jurisdictions, ou ceux de la domination des Intendans, ou enfin les bornes des Provinces administrées sous l'autorité économique et tutélaire des Pays d'Etat, ne me présente rien qui puisse opposer des difficultés sérieuses à ce que nous proposons ici : car nous ne demandons aucun changement ; il n'est pas besoin de déranger les anciennes limites. Nous ne nous occupons que d'une disposition nouvelle qu'exige assez naturellement une institution qui ne fait que de commencer. L'essentiel est de pénétrer les esprits d'une vérité : c'est qu'une constitution à donner à la France, est un événement tout nouveau. Pourquoi seroit-on obligé d'en calquer les bases territoriales sur des divisions d'origines si différentes, sur des divisions si étrangement disproportionnées entr'elles ? Il n'y a pas plus de raison de mesurer les bases *représentatives*, sur les bases *administratives* ou *judiciaires*, qu'il n'y en auroit à vouloir faire entrer de force une Généralité dans un Diocèse, un Commandement dans une Coutume : qu'importent ces différences ? Les Peuples n'ont pas besoin, pour donner leur procuration législative, de passer par l'échelle particulière aux ad-

Quant à la *durée* de la députation, il est d'une bonne politique de la borner à trois ans, et de régler qu'on ne sera éligible de nouveau, qu'après un intervalle de trois ans d'abord, et de six ans ensuite, c'est-à-dire, lorsque le temps aura augmenté le nombre des citoyens éclairés; car les affaires publiques doivent être, dans le sens que nous les prenons ici, les affaires du plus de monde possible, et il faut éviter sur-tout qu'un petit nombre de familles ne vienne à s'emparer et des députations et de l'influence législative. De cette manière, la régénération des assemblées se fera par tiers. Le plus ancien triennat sera aux affaires depuis deux ans ; le second triennat y sera depuis un an, et le nouveau tiers qui profitera de

---

ministrations. A une création nouvelle, qu'est-il nécessaire d'adapter des formes anciennes, étrangères, ou même contraires à son objet ? Croiroit-on indifférent d'aspirer à fondre les divers Peuples de la France en un seul Peuple, et les diverses Provinces en un seul Empire ? Au surplus, entre la Nation dispersée et la Puissance législative assemblée, mues l'une et l'autre d'un même désir, conçoit-on qu'il puisse s'élever des oppositions légitimes ? Et, s'il s'en élevoit, pense-t-on qu'il fût permis de les respecter ?

l'expérience de ses collègues anciens, **leur** sera utile à son tour, en leur faisant mieux connoître le dernier vœu des peuples.

Je ne serois point fidèle à mon plan, si je me permettois, sur toutes ces questions, des développemens ultérieurs. Je me borne à de simples indications, mais exactes. Achevons celle des points principaux qui appartiennent au grand objet de la constitution représentative.

La *proportion* suivant laquelle des paroisses d'une étendue, d'une fertilité, d'une population, d'une richesse, et d'une contribution différentes doivent députer à l'assemblée d'arrondissement, sera très-difficile à déterminer, parce que cette proportion doit être fixée d'après des caractères généraux et aisés à vérifier, d'après des caractères qui permettent de varier les rapports, suivant les circonstances qui en font varier les termes, sans qu'on soit obligé de recourir sans cesse à une décision particulière de la législature.

Puisque la députation nationale représente, dans le grand corps politique, ce qu'est la volonté particulière dans chaque individu, il faut convenir qu'il y a précisément de l'extravagance à demander à quel intervalle plus ou moins long il faut convoquer les Etats-Généraux. Combien on est sujet à s'égarer, lorsqu'on veut étudier un sujet quelconque, non d'après sa nature, mais d'après de vieux préjugés ! Oublions le caquetage françois, et la prétendue profondeur angloise : entrera-t-il jamais dans l'esprit d'un homme sensé qu'il peut être d'une profonde sagesse de ne permettre aux hommes l'usage de leur volonté et de leur intelligence, que par intervalles, comme si la tête devoit être *intermittente ;* ou même oseroit-on prétendre qu'un individu doit se passer d'exercer ses facultés morales, malgré la plus urgente nécessité, et cela par ce que quelqu'un, très-sujet à avoir un intérêt contraire, ne veut pas en donner la permission ?

Le corps législatif ne doit pas moins être *permanent* que les corps actifs. Le Législateur est fait pour donner la vie, le mouvement et la direction à tout ce qui est occupé de la chose publique. C'est à lui à veiller sans cesse aux besoins communs de la Société, et à ce qu'il y soit pourvu fidèlement, constamment, et complettement. C'est à lui à juger de l'exigence des affaires, et du temps qu'il peut donner à ses *vacances*. C'est à lui à s'*ajourner* pour sa rentrée annuelle, à prévoir les circonstances où il pourroit être nécessaire qu'il reprît ses séances avant le terme convenu; et à déterminer d'avance la manière d'en donner avis à tous les députés. Par un arrangement aussi simple, votre législature ne présentera point l'étrange spectacle d'un corps mourant périodiquement, pour ressusciter lorsqu'il plaît à un intérêt différent du sien, de lui rendre la vie.

Les frais de l'assemblée générale ne sont point un obstacle à sa permanence. Il suffira de permettre aux membres de ne recevoir ni salaires, ni indemnités, pour que ces frais se réduisent à peu de chose. Du reste, il n'y a qu'à laisser à chaque Province la charge de ses députés; c'est aux commettans à faire avec leurs fondés de procuration, tel arrangement qu'il leur plaît.

Tout autre plan que celui de la permanence du corps législatif auroit des embarras et des dangers sans fin. Vous contenterez-vous d'avoir une *commission inter-*

médiaire composée d'un petit nombre de membres élus par les États-Généraux eux-mêmes, et chargée de rendre compte à l'Assemblée générale future ? Je vous demanderai, à mon tour, s'il n'est pas possible, 1°. qu'un petit nombre de Commissaires soient bientôt gagnés par le pouvoir exécutif, et 2°. si cette Commission, loin de vous garantir le retour prochain des États-Généraux, ne sera pas au contraire la meilleure ressource que vous puissiez accorder au Ministre pour s'en délivrer à jamais.

Pourquoi craindre, dira-t-on, que les États-Généraux ne soient pas convoqués à des époques fixes ? Il faudra bien qu'on les rappelle, s'ils n'ont accordé des subsides que pour un terme ?

Je ne nie point qu'après cinq ou six tenues, cela ne pût être ainsi. Alors l'assemblée représentative pourra être en France comme en Angleterre, tellement confondue avec le train habituel et nécessaire des choses, tellement protégée par les mœurs et l'opinion publiques, que le Ministère ne pourroit plus se dispenser de l'appeler à l'expiration des termes réglés pour la durée de l'impôt. Mais qu'on me permette de ne pas croire encore à la certitude de ce retour périodique. La croyance sociale en France est encore la foi en l'autorité absolue , et la première tenue des États-Généraux n'aura pas suffi à imbiber les esprits de la nécessité d'une assemblée nationale , hors le temps d'un grand désordre dans les finances. Le Ministre n'aura donc qu'à éviter ces déprédations énormes qui ont amené la conjoncture où nous sommes , et il n'aura plus rien à craindre. S'il a laissé établir , à votre grande satisfacion , une Commission intermédiaire , ce sera, comme nous venons de l'observer , avec cet instrument même qu'il entreprendra de mettre des impôts *provifoires*. Sans doute il ne manquera pas de convenir , de déclarer hautement qu'ils ne sont que provisoires ; que ce n'est au fond qu'une prorogation des mêmes impôts ; que les circonstances trop pressantes , et on peut en faire naître de cette nature, ne permettent pas de consulter la Nation. On donnera la promesse la plus formelle de la convoquer au plutôt; et cependant la provision et la promesse dureront fort bien cent ans , s'il le faut. Mille et mille moyens seront employés , en

[139]

attendant, pour changer le cours de l'opinion publique. Les écrivains et les journalistes, les chaires et les théâtres, les faveurs, les priviléges, et les exemples de sévérité, tout sera mis en usage, et suffira pour retenir sous le joug une Nation depuis long-temps assouplie. Supposons que d'autre part, ce qui est très-possible, la levée des deniers publics ait continué à être celle des deniers *royaux*, exécutée par des officiers *royaux*, dirigée par des agens *royaux* jusqu'au trésor *royal* : que voulez-vous espérer de résistance d'un contribuable qui, à l'expiration du terme fixé par les Etats-Généraux, ne verra cependant point de changement dans le train accoutumé des choses, qui appercevra les mêmes collecteurs, les mêmes formes, les mêmes contraintes ; il continuera à payer, comme auparavant, et la Nation redeviendra ou restera ce qu'elle étoit.

Ces idées nous ramènent assez naturellement au projet d'enchaîner l'impôt à la constitution, et la constitution à l'impôt.

Loi constitutionnelle de l'impôt.

Toutes les parties de la représentation

nationale étant supposées établies et en pleine activité (1), nous proposons de voter le subside aux conditions et dans la forme suivantes.

1°. Il ne sera établi que pour un an.

2°. Sa grande répartition annuelle entre les Provinces ne pourra être faite que par les États-Généraux eux-mêmes.

3°. La seconde répartition entre les arrondissemens ou districts sera l'ouvrage des assemblées provinciales.

4°. La troisième répartition entre les paroisses sera faite par leurs représentans assemblés en arrondissement.

5°. La dernière répartition entre les pro-

----

(1) Si nous étions à temps de refaire le plan de cet Écrit, peut-être faudroit-il ne pas nous borner à considérer les *moyens d'exécution*; nous y ferions entrer, non les principaux *objets de délibération* en général, mais au moins celui que nous regardons comme le vrai fondement de tout ce qu'il y a de bon à faire dans une Société politique. Cependant nous osons croire que la *constitution législative*, qui est cet objet fondamental, sera assez clairement apperçue par un lecteur attentif, dans les considérations qui précèdent, et dans celles qui vont suivre.

priétés ou les citoyens , sera faite par l'assemblée paroissiale.

6°. Toutes les parties de l'impôt qui ne peuvent être réparties ainsi, ne pourront être administrées ou affermées que par les États-Généraux eux-mêmes, s'il n'est pas possible d'en diviser l'administration, ou par les assemblées inférieures, si les États-Généraux peuvent leur en confier séparément la gestion locale.

7°. La collecte des deniers publics, les règlemens qui y sont relatifs, et généralement tout ce qui la concerne, seront l'ouvrage des seules assemblées représentatives.

8°. Les deniers paroissiaux seront partagés suivant une loi de quotité générale, en deniers particuliers qui resteront à la disposition de la paroisse, et en deniers nationaux qui seront versés en remontant, dans les caisses des arrondissèmens, des provinces, et enfin dans la grande caisse nationale.

9°. Auparavant , tous les emplois et paiemens à faire dans les divisions inférieures , y auront été acquittés sous la

direction de l'assemblée , et d'après la décision des Etats-Généraux, comme suprême
ordonnateur.

10°. Toutes les parties de la dépense
générale , réglées par les Etats-Généraux ,
seront acquittées par la caisse nationale ,
ou par les caisses inférieures , pour le
compte de la caisse nationale , et toujours
sous les ordres de l'assemblée nationale.

11°. Les deniers publics ne pouvant être
que les deniers de la Nation, ils lui appar-
tiendront dans tous les degrés de leur cir-
culation, jusqu'au paiement final ; jusqu'à
ce dernier moment, ils ne pourront, dans
aucun cas , être soustraits à l'inspection et
à la direction des assemblées représentatives.

12°. Enfin tous les agens et officiers ,
sans distinction , employés aux finances ,
seront du choix et aux ordres des mêmes
assemblées , etc. etc. (1).

____

(1) Il est sûr que les Etats-Généraux ne peuvent
pas , à une première session , porter la réforme dans
toutes les parties de l'impôt. D'ailleurs , dans l'agi-
tation extrême où de grands changemens peuvent
mettre les esprits , il sera plus que sage à l'assem-

L'avantage de se passer des financiers n'est
pas ce qui doit nous toucher le plus dans

---

blée nationale de réduire ses premières opérations
aux objets les plus pressans , ou à ceux qui sont d'un
intérêt commun à toutes les classes de citoyens. Tels sont:
le fondement d'une bonne constitution, la liberté individuelle, l'égalisation des impôts et des peines, l'abolition
du régime exclusif pour les emplois, les places, les ré-
compenses , etc., enfin le replacement du fisc dans la
main de la Nation. Du reste, il faut accueillir toutes les
plaintes , toutes les demandes. Il faut que les Etats-
Généraux déclarent solemnellement l'intention de s'occuper de tout ce qui intéresse la Nation , dans le cours
des sessions suivantes ; et, pour le faire avec plus
d'utilité , ils renverront aux nouvelles assemblées
représentatives toutes les questions sur lesquelles on
peut différer de statuer , afin d'avoir leur avis, leurs
instructions , enfin des connoissances locales , etc.
Cinq avantages principaux appartiennent à cette marche : 1°. Elle délivre la première assemblée nationale
du péril de ne s'accorder sur rien, de plonger la France
dans un despotisme légal (si ces deux mots pouvoient
jamais aller ensemble), en nous rendant le jouet et la
risée de toute l'Europe. 2°. Elle met à l'instant en
activité toutes les parties élémentaires de la constitution. 3°. Elle tranquillise et satisfait les Peuples ,
beaucoup mieux que ne feroient les plus belles
décisions : car on sera enchanté dans les Provinces,
de voir revenir à soi les questions auxquelles on mettoit

ce projet. Les motifs qui nous guident ont une autre importance. Il s'agit d'assurer,

---

de l'intérêt, enchanté d'avoir sa consultation à donner: on espérera que des statuts ainsi préparés par le vœu ou les lumières des Peuples, en seront beaucoup meilleurs, et l'on aura parfaitement raison. 4°. On sent fort bien, que dans les nouvelles discussions préparatoires, une foule de demandes et de plaintes, ou inconsidérées, ou injustes, ne seront plus remises dans les cahiers. 5°. Ce sera une nouvelle occasion aux Peuples de s'éclairer de plus en plus; l'opinion publique, en devenant plus forte, pressera plu sutilement et plus puissamment les Etats-Généraux; elle les mettra en état de faire, dans une seconde ou troisième session, ce qu'ils ne pourroient, sans cela, entreprendre d'eux - mêmes qu'après bien des années d'attente. Ainsi, ce ne sera pas un temps perdu, etc.... Revenons à la première intention de cette note : la conversion des impôts n'est pas mûre. S'ensuit-il qu'il faut renoncer à la loi contitutionnelle de l'impôt ? Non, certes. Dans ce qui appartient aux impositions directes, notre plan peut être rempli dans tous ses détails. Quant aux autres impositions ou taxes, prenez-en les différentes administrations telles qu'elles sont, *hommes* et *chofes*, rompez leur lien avec les chefs du pouvoir actif, et attachez-les en entier à l'échelle représentative, ainsi que nous l'avons dit, en attendant que vous puissiez réformer leurs systêmes intérieurs, d'après les conversions et les vues que le temps

oui,

oui, ou non, une constitution libre à la France. Ce n'est pas avec des chartes et des reconnoissances que les peuples peuvent se garantir la jouissance assurée de leurs droits. La garantie n'est que là où est la force. Avec le pouvoir, on se passe de chartes, et avec les chartes les plus détaillées et les plus authentiques, on n'a rien, si on n'a pas le pouvoir. Comme le despotisme ne consiste pas précisément à mal gouverner, mais à *pouvoir* mal gouverner, de même la liberté publique n'appartient pas à un peuple, précisément parce qu'il jouit de tous ses droits sur la promesse d'autrui, mais parce qu'il a le pouvoir de ne les point perdre.

Je ne conçois pas les Nations, après tant

---

permettra d'adopter. Au fait, le pouvoir actif est absolument étranger aux affaires du fisc. Il n'a besoin pour exercer ses fonctions, que de recevoir avec exactitude le prix de ses salaires, ou l'acquit de ses frais. N'est-il pas évident que ses paiemens seront plus assurés, et qu'en tout il en sera plus propre à remplir ses devoirs, lorsque débarrassé de tous soins de recette, ses fonds lui seront comptés sans diminution et sans retard, par la caisse nationale, aux ordres du pouvoir législatif ?

K

de dures leçons d'incrédulité, de vouloir s'en rapporter toujours à la promesse de leurs chefs, et fières d'obtenir une reconnoissance signée, ou un serment ridicule, d'abandonner tranquillement le pouvoir d'y manquer, dès-que cela pourra convenir à leurs maîtres.

Les peuples n'ont besoin que de jouir de leurs droits. On ne peut supposer qu'ils veuillent usurper les fonctions de leurs mandataires, car ces fonctions, elles-mêmes, font partie de leurs droits, et ils ne les commettent que pour en jouir. Au contraire, les mandataires peuvent se faire un intérêt à part, et dès-lors ils tendent sans cesse, à usurper les droits des citoyens. Il est donc parfaitement impolitique d'attacher la force aux mandataires au-lieu de la réserver constamment auprès de la Nation.

Il n'y a que deux forces constantes chez les peuples modernes, l'argent et l'armée. On vient de voir comment la première de ces puissances doit être confondue et identifiée, pour ainsi dire, avec la Nation, de manière à ne pouvoir jamais servir que l'intérêt général. Par la loi constitutionnelle de l'impôt, la représentation est ferme et durable; peut-on en douter, lorsqu'elle est disposée sur un plan tel qu'aucun corps, aucun pouvoir ne sauroit en attaquer la moindre partie, sans qu'à l'instant tout fût prêt à s'écrouler sur lui ?

Il est tout aussi possible de constituer la force militaire de manière à ce qu'elle ne puisse jamais devenir dangereuse au corps des citoyens ; et il faut bien que ce moyen soit dans la nature des choses, sans quoi il faudroit renoncer à remplir l'objet de l'union politique ; l'ordre social ne seroit qu'une chimère. Mais renfermons-nous ici dans notre plan. Il suffit d'avoir prouvé que les prochains États-Généraux peuvent nous donner une représentation nationale qui ait tous les caractères d'une véritable procuration des peuples, une législature qui exprime toujours la volonté générale, et d'avoir prouvé encore qu'il dépend d'eux d'attacher à ce grand ouvrage une solidité supérieure à tous les événemens. Sur cette base inébranlable, on verra s'élever, peu-à-peu, l'édifice d'une société humaine ordonnée enfin à l'utilité et au bonheur des Membres qui la composent.

Nous venons d'achever la tâche que nous

nous étions imposée en commençant cet ouvrage, ou plutôt ce mémoire. Comme tant d'autres citoyens dignes d'aspirer à devenir libres, nous songions aux Etats-Généraux, à la force des circonstances, à la nécessité reconnue de donner à la Nation une garantie solide contre le retour du désordre dont elle est aujourd'hui la victime. Nous pensions avec tout le monde, que l'assemblée nationale pouvoit faire beaucoup de bien, et avec le petit nombre, qu'il n'est pas de caution solide contre une moitié, ou un quart du désordre public, parce que le mal qu'on ne réforme point, sert de contre-garantie au bien que l'on prétend faire ; nous pensions qu'il n'y a point de bonnes loix, point de bons établissemens, s'ils restent à la merci d'un pouvoir illimité, différent de celui de la Nation.

Ensuite, passant aux moyens possibles de produire quelque bien, nous nous sommes demandé si l'on pouvoit retirer un avantage réel de vues éparses, dont on ne sait point former un ensemble. On imagine mal-à-propos, suivant nous, qu'un peu de bien opéré aujourd'hui, un peu demain, un peu dans une autre occasion favorable, doivent à la longue nous avancer vers l'établissement du bon ordre. Quand on ne prend un système que dans une de ses parties, on n'a rien fait. Si vous établissez d'un côté, on détruira de l'autre ; vous faites, aujourd'hui, un ou deux pas vers un but utile, demain il faudra recommencer dans une direction différente. Ainsi s'accumulent les lois, les déclarations, etc. On a fait mille fois plus de chemin qu'il n'en auroit fallu pour arriver au terme ; tant d'efforts sont perdus, parce qu'il est impossible de supposer qu'un Ministère mobile mette de la suite ni dans ses vues, ni dans ses sentimens.

Il faut donc prendre les opérations législatives en masse. On ne peut pas sans doute tout réformer, tout rétablir à la fois ; mais on doit, dans le système général du bon ordre, discerner la partie fondamentale, et commencer par-là. On peut dans le chemin qui mène au bien, distinguer d'avance comme des points de repos, et s'y avancer non de quelques pas incertains, bientôt suivis d'autres pas entièrement opposés, mais en franchissant chaque fois l'intervalle complet d'une station à l'autre, afin de ne pas éprouver la fâcheuse nécessité de rétrograder, soit pour n'avoir fait les opérations qu'à demi, soit pour ne les avoir point liées dans un accord général.

Pleins de ces idées, nous avons cherché comment les prochains États- Généraux pourroient s'y prendre pour être utiles à la Nation d'une manière solide et permanente, et en se portant d'abord à ce qu'il y a de plus pressé et de plus intéressant pour les peuples. Une *constitution* est comme le cri de ralliement des vingt-six millions d'hommes qui composent le Royaume. Il faut donc une constitution. On est pareillement frappé de la nécessité qu'il y a d'empêcher à jamais le retour d'un désordre tel que celui qui s'est manifesté dans les finances ; il faut donc se rendre au principe simple, naturel, et efficace, que le trésor public doit être dans la main de celui qui paye, et non à la disposition de celui qui dépense.

Nous avons supposé que les États-Généraux ne manqueroient pas de suivre, à cet égard, ce que dictent si clairement le besoin national, et la volonté générale des commettans. Nous nous sommes alors occupés, en particulier, d'en combiner les moyens d'exécution. A mesure que se développoit à nos yeux la possibilité de régénérer la France d'une manière stable , sans autres moyens que ceux dont les prochains États-Généraux pourront disposer librement , nous avons ouvert notre ame à une grande espérance , et goûté la joie de voir notre patrie au moment de naître à la liberté.

K 4

DÉVELOPPEMENS

Concernant la banqueroute, relatifs à la page 72.

QUESTION PREMIERE.

Est-ce la Nation qui doit?

RÉPONDONS, avant tout, à ceux qui veulent profiter des principes nouvellement réclamés sur l'impôt et l'emprunt, pour en conclure que la Nation n'a pas pu être engagée envers les prêteurs, puisque, disent-ils, on ne lui a demandé son consentement à aucun des emprunts ouverts par le Roi.

Il est certain que les impôts, les emprunts, les loix civiles, les loix politiques, et généralement tout ce qui appartient à la législature ne doivent émaner d'aucune partie du pouvoir exécutif. Mais, dites-moi à votre tour, comment, dans l'absence des États-Généraux, la Nation a pu faire pour imposer, pour emprunter, lorsque les besoins publics l'ont exigé, et pour faire les loix en tout genre, que les circonstances ont paru demander ? La Nation a-t-elle eu pour remplir les fonctions de sa législature, d'autre représentant que le Roi lui-même, assujéti seulement à la ferme de l'enregistrement ? Nous savons que ce n'est point-là une véritable représentation , puisque ce terme emporte nécessairement avec lui le caractère d'une élection libre de la part des représentés ; mais qui est-ce qui avoit réclamé avant ces derniers temps, l'éternelle vérité de ces grands principes ? Les États-Généraux eux-mêmes, en 1614, et tous ceux qui ont précédé, se sont-ils montrés instruits de leurs droits ? Les ont-ils fait connoître aux peuples ; en ont-ils pris en main le libre exercice ? Non : jusqu'à ce jour, le seul représentant de la Nation a paru être le Roi ; tout ce qui auroit dû se faire par un corps de vrais représentans, s'est fait par le Roi ; presque toutes les loix, en vertu desquelles les acquisitions de propriétés, les transmissions d'héritages, tous les rapports en général des choses et des personnes ont été déterminés, remontent à des Rois qui, certes, n'ont pas toujours demandé

le consentement de la Nation ; de sorte que
si vous voulez revenir sur le passé , s'il
faut rompre les engagemens pris au nom
de l'État, ôter aux transactions entre particuliers la sanction légale qui les garan-
tissoit , si vous voulez réformer, anéantir
tout ce qui n'a pas été établi par le véritable législateur , il faut vous résoudre à
tout bouleverser , il faut appeler pour la
France le chaos qui a précédé la formation
de l'univers. Les vingt-six millions de
têtes qui composent le Royaume seront autant
de personnes isolées , incertaines sur
le titre de leurs possessions , et presque
réduites au droit naturel. Les impôts qui
ont été payés jusqu'à ce jour , l'ayant
pareillement été sans titre légal , tous les
contribuables auront le droit de réclamer
ou de reprendre ce qu'on n'a pu leur arra-
cher que par violence.

Vous n'admettez pas toutes ces consé-
quences. Il faut donc nécessairement tracer
une ligne de démarcation entre le passé et le
futur. Il faut ratifier tout ce qui est émané
jusqu'à ce jour , du seul représentant que la
Nation parut avoir , sauf à se conduire
autrement pour l'avenir. C'est pour l'avenir

seulement qu'il nous importe d'établir les véritables principes. *Communis error facit jus.* Voilà pour le passé. Aujourd'hui l'erreur est dissipée. On déclarera donc qu'à compter de cette époque, la Nation devant exercer elle-même sa législature, il n'y aura d'engagemens valides, en son nom, que ceux qu'elle contractera elle-même (1).

Si, lorsque la Nation a eu des besoins, et que des secours d'argent ont été demandés aux prêteurs, il y avoit eu deux manières d'emprunter ; si l'on avoit vu, d'un côté la Nation, et de l'autre, le Roi, offrant à l'envi la foi nationale, sûrement on n'auroit pas balancé un instant, entre ces deux emprunteurs. Mais en l'absence des vrais représentans, il n'y avoit que le Roi, on ne voyoit que lui, et son titre étoit coloré. Si son invitation avoit été un piége, quelle loi tutélaire pouvoit en ga-

---

(1) Il est reconnu aujourd'hui que les assemblées des Pays-d'Etats n'étoient point représentatives, et l'on demande avec raison, à les constituer sur un nouveau plan. S'ensuivroit-il que les emprunts de ces Provinces doivent être déclarés nuls, parce que ceux qui les ont ouverts, ne formoient pas un véritable Corps de représentans ?

rantir les Citoyens ? La magistrature des cours, accoutumée à porter la parole au nom des Peuples et des Loix, auroit dû prévenir les prêteurs du danger où ils se précipitoient sous des apparences légales, sans quoi leur conduite eût été une connivence coupable ; et tout auroit concouru à séduire, à attirer la bonne-foi dans le précipice. Puisqu'il n'est pas permis de faire cette supposition ; concluons : qu'on peut se proposer de suivre un meilleur système, à l'avenir, sans tomber dans l'absurdité de remonter jusqu'à l'institution de la Monarchie, pour tout abolir, tout bouleverser, et pour nous supposer sans loix positives ; il ne faut point séparer les contrats individuels et les contrats publics ; la même loi tutélaire a présidé aux uns et aux autres. L'Acquéreur, par exemple, d'une terre vendue par licitation au Châtelet, n'a pas plus de droit à être maintenu dans sa possession que l'acquéreur d'une créance vendue sous l'autorité d'un édit enregistré au Parlement.

Deuxieme Question.

La dette peut - elle être considérée comme usuraire ?

Ne pouvant nier la légalité de la dette nationale , considérée dans son origine , on veut du moins , à raison des manœuvres qui l'ont souvent accompagnée , la faire regarder en partie, comme usuraire. Or , ajoute-t-on , il est toujours permis de revenir contre un engagement usuraire.

Je ne sais à quoi on veut nous mener avec ce discours. Est-ce à rendre le capital au prêteur ? mais, dit-on, les capitaux fournis ne sont pas toujours tels qu'ils paroissent ; en dernier lieu, par exemple, les effets ont perdu jusqu'à 30 pour 100. ceux qui ont acheté n'ont-ils pas fait un gain usuraire ? Non : les créances sont comme les autres fonds qui rapportent un revenu , et qui se vendent plus ou moins haut , suivant les circonstances. Si elles sont achetées au-dessus du pair, l'acquéreur ne demande pas une indemnité au gouvernement ; quand il achète au dessous du pair, il ne doit de

même rien au gouvernement. Lorsque le profit de l'acquéreur est énorme , s'il y avoit
un supplément de finance à lui faire payer
tôt ou tard , ce ne seroit pas le ministère
qui pourroit y avoir droit; il n'y a rien
perdu. Ce seroit au malheureux vendeur
qu'il faudroit faire ce remboursement. La
perte qu'il a essuyée en vendant ses effets
à trente pour cent au-dessous du pair ,
vient du fait du Ministre. Il seroit bizarre
qu'on voulût faire à celui-ci un titre du
désordre qu'il introduit dans les finances ,
pour lui attribuer une indemnité qu'il devroit bien plutôt aux tristes victimes de ses
opérations.

Soit , dira-t-on , laissons les relations
qui ne sont qu'entre particuliers négociant
à la bourse. Mais entre le Roi et les sous-
cripteurs de tel et tel emprunt, l'usure
n'a-t-elle pas pu s'y rencontrer? Non, dans
aucun cas. Tout emprunt légal s'est fait
par une loi enregistrée au Parlement. Le
taux de l'intérêt y a été fixé. Lorsque la
Loi fixe elle-même le taux de l'intérêt, il
ne sauroit être usuraire. S'il y a eu des
extensions d'emprunt , c'est un abus , on
ne peut pas plus criminel; mais le prêteur

n'a jamais pu distinguer l'extension, de l'emprunt même.

Ce n'est point dans les rapports publics entre l'emprunteur et le créancier que s'est glissé cet abus que vous prenez pour une usure. C'est dans les mauvais arrangemens du Ministre qui, pour soutenir son emprunt, a livré des primes considérables aux courtiers. Ne confondons point le taux de l'intérêt avec le surtaux, ou plutôt le prix de commission accordé aux financiers pour faire réussir l'emprunt. Ces conditions onéreuses et particulières doivent être rangées dans la classe des déprédations, des dépenses folles. Le Ministre fait alors·proprement de mauvaises affaires. Voulez-vous faire rentrer au trésor - royal ce qu'il en a pu couter à l'État par toutes ces dissipations; je le veux bien ; mais à qui vous adresserez-vous ? Sans doute à tous ceux qui de cent manières, ont épuisé la caisse publique, sans doute aux courtiers des emprunts, bien différens des derniers prêteurs, des véritables prêteurs, qui n'ont eu intention que d'acquérir une rente. Ceux-ci, en quoi les trouvez-vous coupables ? Et si quelques-uns l'étoient, par quel expédient possible viendriez-vous à bout de les reconnoître dans la foule immense des rentiers innocens?

Le brigandage des agioteurs vous irrite, et nous aussi. Mais faites attention que ce ne sont-là que des intermédiaires entre le Roi et les rentiers. Les agioteurs achètent pour vendre, et vendent pour acheter, ils ne consomment guères cette espèce de marchandises, c'est-à-dire, ils ne l'acquièrent pas pour la garder et en jouir. Ils spéculent sur le cours de la place, d'après le bon ou le mauvais état des finances. Ils profitent du besoin des vendeurs forcés ; sur quoi nous venons de remarquer que leur gain, dans ce cas, n'est pas une lésion qui porte sur le gouvernement, mais un tort du gouvernement qui porte sur les propriétaires d'effets royaux, qui se trouvent dans l'obligation de faire des fonds pour subvenir au courant de leurs affaires. Les pratiques immorales des agioteurs n'ont rien de commun avec la question présente. Pour réformer l'agiotage, ou plutôt pour le contenir dans les bornes de tout commerce en général : il n'est nullement nécessaire de ruiner les créanciers qui n'agiotent pas,

et

et de déshonorer la Nation ; il ne faut que maintenir l'ordre dans les finances, et le laisser constamment sous les yeux du Public.

A qui est-ce à supporter le fardeau de la dette?

On ne s'étonnera pas sans doute qu'un aveugle égoïsme toujours fécond en injustes discours, ait avancé qu'au fond, ce n'étoit ici qu'un combat entre les propriétaires et les capitalistes ; et dans la fâcheuse alternative, ajoute-t-on, d'avoir à frapper sur les uns ou sur les autres, une banqueroute qui tombe sur le petit nombre, n'est-elle pas préférable à une surcharge d'impôts qui porteroit sur la généralité des citoyens ?

Il faut donc répondre :

1°. Que les rentiers sont beaucoup plus nombreux aujourd'hui qu'ils ne l'étoient il y a vingt ans.

2°. Qu'une foule immense de citoyens des classes laborieuses sont accoutumés à recevoir des mains des capitalistes, le titre à leur subsistance, le salaire de leur travail , et que ces rapports ne sauroient changer brusquement sans les plus terribles inconvéniens.

3°. Qu'un enchaînement incalculable de banqueroutes particulières portera la terreur et la misère , jusques dans les familles qui se croient les plus éloignées du malheur commun , ou les plus étrangeres à ses suites.

4°. Que le désséchement des capitaux entre les mains des rentiers , tarira la source d'une foule de spéculations de commerce , et frappera de stérilité la plupart des manufactures et autres entreprises de production qu'ils soutenoient et animoient.

5°. Qu'il faut un étrange renversement d'idées pour oser transformer la dette publique en un sujet de combat entre les propriétaires et les capitalistes , comme s'il pouvoit suffire à un débiteur , pour se décharger d'un poids de cette nature , de traiter son créancier en ennemi, etc. etc.

Il vaut mieux , dites-vous , ruiner cent mille hommes que vingt-six millions de têtes. Quoi qu'il en soit de cette proportion , je réponds d'abord qu'un poids capable d'écraser cent mille hommes , seroit porté plus aisément par vingt-six millions.

Je réponds sur-tout qu'il est dans la nature des choses, que la dette soit à charge au débiteur, et non au créancier. Le prêteur s'est privé de son argent ; en vous le vendant à intérêt, il a fourni à vos besoins ; vous, emprunteur, vous avez échappé à votre perte, et en achetant le capital, vous vous êtes imposé l'obligation d'en payer la rente annuelle. Avez-vous pensé qu'il vous suffiroit un jour, pour vous en délivrer, de balancer le poids de votre charge entre votre créancier et vous ? On parle de ruiner les créanciers de l'État, comme si c'étoit bien à eux que la Nation doit s'en prendre des nouvelles impositions dont elle se croit menacée. Pourquoi ne pas s'attaquer plutôt aux déprédations inouies, et aux abus de toute espèce, qui ont enflé l'état des dépenses, et qui ne sont certes pas l'ouvrage de ceux qui ont porté leur argent au trésor royal, mais bien de ceux qui l'ont pillé. Répétons que si la dette doit être fâcheuse pour quelqu'un, il est juste que ce soit plutôt pour celui qui doit, que pour celui à qui il est dû. Mais, si j'ai prouvé que la banqueroute seroit funeste, même à celui qui doit, que faut-il conclure ?

C'est un spectacle étrange , et qui donne beaucoup à réfléchir , de voir dans la fâcheuse situation de la chose publique , d'un côté , les créanciers de l'État alarmés pour leur fortune , pour leur existence ; de l'autre , la masse des contribuables craignant une surcharge accablante ; les uns et les autres tremblans comme des criminels menacés d'une peine capitale ; et le Ministère enfin , seul coupable de tout le désordre , spectateur tranquille des débats , attendant froidement , sans y mettre le moindre doute , qu'on lui accorde un nouvel impôt , ou qu'on l'autorise à faire banqueroute ! Conçoit-on rien de plus révoltant ?

QUATRIÈME QUESTION.

A-t-on raison d'annoncer un impôt nouveau,
ou la banqueroute ?

On veut qu'il y ait nécessité à prendre l'un ou l'autre de ces deux partis, et l'on confond ainsi avec la loi impérieuse de la nécessité , un défaut de courage, une privation de toute énergie , qui empêche de suspendre mille coûteuses habitudes , un défaut de sens ou de morale qui rend étranger aux règles les plus simples de la

[165]

lumière naturelle. Comment se permet - on
de dire qu'un peuple qui paye six cent
millions , doit payer davantage? Quand la
moitié de cette somme, toute énorme qu'elle
est , appartiendroit entièrement à la dette,
et à un nouveau plan de remboursement ,
ose-t-on bien avec trois cent millions de
subsides libres , demander de nouveaux
secours ? Connoît-on des États qui ayent
un revenu aussi considérable ? ou néglige-
t-on ailleurs de soutenir toutes les parties
de l'établissement public? L'Empereur a
des pays plus étendus sous sa domination,
et plus difficiles à régir par leur défaut
d'ensemble ; son militaire est infiniment
supérieur au vôtre , et cependant il n'a
pas en subside ordinaire , y compris la
dette , une fortune égale à celle dont vous
pouvez disposer librement.

Ignorans ou pusillanimes conseillers du
Gouvernement François , renoncez à des
fonctions qui sont au-dessus de vos forces:
Vous ne pouvez , dites-vous, faire face à
toutes vos dépenses ? Que nous importent vos
dépenses, si elles sont supérieures , étrangères, ou même nuisibles à ce qu'il en faut nécessairement pour la chose publique? Il n'est

que trop vrai, elles n'ont point de terme. Eh ! quel trésor pourroit suffire à tant de déprédations, à tant de négligences, à cette multitude d'emplois ridicules, ou sans fonctions ; sans fonctions ! Il vous étoit réservé d'en créer de cette espèce. Quel trésor peut fournir à l'insatiable avarice de la haute mendicité qui assiège et se vante d'honorer le trône ? Vous parlez de mettre de nouveaux impôts ! non : ils ont touché à leur plus haute élévation. La Nation ne peut pas, ne doit pas faire de plus grands sacrifices.

Les besoins d'un empire, comme ceux des particuliers, se réduisent à peu, quand on veut consulter la nature et les loix d'une sage économie. Nos Représentans sauront en écouter les utiles leçons. Ils apprendront que pour rétablir l'ordre dans les finances, il n'est pas question de surcharger les peuples, mais de nous soustraire aux abus ; et dans une pareille alternative, le choix sera-t-il difficile ? Ils sentiront tout le prix de cette vérité, et ils seront frappés du grand intérêt qu'ont les peuples à ce que les États-Généraux règlent la dépense publique sur les seuls besoins réels, et la fixent dans toutes les parties de son emploi. Ainsi, la Cour ne pourra plus ni se servir d'un superflu qui n'est pas en son pouvoir, ni d'un nécessaire impossible dorénavant à détourner de sa destination, pour soudoyer les instrumens de ses plaisirs, de sa puissance, et de notre servitude. On parle toujours d'accroître le revenu public, à la demande du Ministre, sans voir que son embarras nous a ouvert la porte à une constitution, et que les limites dans lesquelles on le tiendra circonscrit, sont précisément la condition de notre liberté.

S'il pouvoit y avoir de l'excédent dans les contributions des peuples, il vaudroit mieux, n'en doutons point, le répandre sans raison, sur les citoyens les plus inutiles, que de le laisser à la disposition d'un ministère sans frein. Quand nous supposerions même qu'un trésor étranger pût offrir gratuitement de fournir à tous ses caprices, ce seroit encore un devoir aux États-Généraux de l'empêcher, parce que, d'une manière ou d'autre, tout abus rencontre sa victime, et tout désordre frappe sur la Nation.

F I N.

TABLE

Des principaux objets dont il est question dans cet Ouvrage.

Fin de la Table.